대한민국 미스터리 사건 수첩

대한민국 미스터리 사건 수첩

금은방 강도 사건부터 도깨비집 사건까지, 기이하고 괴상한 현대사

곽재식 지음

인물과
사상사

머리말

    이 책은 과거 한국에서 벌어진 사건 중에 그 시대에는 상당히 화제가 될 정도로 많은 관심을 모은 이상한 사건이었지만, 지금은 어느새 잊혀 거의 언급되지 않는 몇 가지 사건을 읽기 좋게 정리해본 것이다. 실화를 소재로 글을 쓴다는 것은 조심스러운 일이다. 작가는 글을 쓰고 돈을 받으므로, 결국 그 실화가 소재가 되어 작가의 돈벌이가 된다고도 볼 수 있다. 그런 만큼 남이 겪은 일이나 남이 실제로 고생한 일을 그저 재밋거리나 관심거리로 활용할 수 있느냐는 문제는 경계할 필요가 있다고 생각한다.

    내가 이 책을 쓰면서 가장 고민한 점도 바로 그런 문제다. 그래서 나는 나름의 기준을 세워서, 가능한 한 다른 사람의 삶에 무례를 저지르지 않으면서 그러한 문제를 극복하기 위해 노력했다. 우선은 대략 60년 정도는 세월이 지난 사건을 다루어 사건과 관련된 사람들이 이제는 세상에 없거나 충분히 잊힐 수 있는 시간이 경과한 사건들을 다루고자 했다. 또한 아무리 실체를 명확히 내세우면 더 흥미 있을 만한 사안이라고 하더라도 가능하면 본명이나 정확한 주소 등은 드러내지 않도록 했다. 아울러 간접적인 경로로 추가 확인한 사실이 있다고 하더라도 굳이 더 드러내기보다는 이미 신문 기사와 언론 보도를 통해 충분히 세상에 알려진 적이 있었던 사실만을 다루려고 했다. 이러한 기준이 언제나 완벽한 것은 아니겠으나, 그나마 다른 폐해를 최대한 줄이면서 과서의 사건을 다루어보려고 최선을 다한 흔적은 되리라고 생각한다.

또 한 가지 글을 쓰면서 힘을 기울였던 것은 글에서 다루는 이야기의 초점을 개인의 사생활에 두기보다는 사건의 배경이 되는 시대와 사회에 두려고 했다는 점이다. 보통 역사나 과거 사회에 대해서 설명하라고 하면 흔히 누가 언제 대통령이 되었고, 어느 정부의 높은 관리들이 어떤 정책을 실시했다는 식의 이야기가 나온다. 그러나 이런 높은 사람들과 정부 중심의 서술만으로는 대부분의 사람들이 어떻게 살아가는지 그 삶의 모습을 충분히 상세하게 표현할 수는 없다. 어느 시대건 정부의 선전 책자나 기록을 보면, 과거의 누가 집권하던 시기에는 세상에 온갖 문제가 많았는데 지금 새로운 사람이 집권하면서 모든 문제가 다 해결되고 태평성

대가 열렸다는 식의 이야기만 넘쳐날 뿐이다. 그런 흐름 속에서는 설령 그 반대파조차 그에 대한 반박을 하기 위해서 반대로 "아무 일도 해결되지 못했고 악화만 되었다"는 주장을 위한 기록만을 남기게 된다.

그에 비하면, 과거의 사건 기록 속에는 그런 범죄가 일어날 수 있었던 그 시대의 배경이 녹아 있기 마련이다. 동시에 그 사건에 대처하기 위한 당시 사회의 반응도 드러나 있다. 그러면서 높은 사람들이나 부유한 사람들이 아닌 그 사건에 엮인 평범한 사람들의 삶이 어떠했고 무슨 문제 때문에 고민하며 무엇이 그들의 생활을 위협했는지 그대로 살펴볼 수 있다. 치장하고 선전하기 위해 만든 기록 속에서는 찾을 수 없는 진짜 삶의 모습이 사건 기록의 주변에서는 지워지지 않는다. 1950년대 방송국의 화재 사건에 대한 정황을 설명하다 보면 자연히 그 시대 한국의 언론과 방송 문화에 대해 현장 풍경을 살펴보게 되고, 1930년대 소매치기 사건을 이야기하다 보면 당시 한반도 사람들의 상업과 교통에 대한 감각을 이해할 수 있게 된다.

그래서 나는 이 책에 실린 이야기들이 더 정직하고 다양한 모습으로 한국 사회의 과거를 볼 수 있는 자료가 될 수 있다면 좋겠다고 생각했다. 그리고 지금 나는 그런 과거의 이야기들이 한국 사회의 변화 과정에 대해서도 더 깊은 이해를 얻는 데에도 도움이 되기를 바란다. 결국 그런 이해 속에서 우리가 문제라고 생각하는 사회의 여러 현상이 정확히 어떤 특징과 뿌리를 갖고 있는지 알 수 있을 것이고, 사실 우리가 문제라고 생각했던 일의 핵심은 어디에 있는지, 혹은 사실 문제라고 생각하지 않았던 다른 문제가 있지 않은지 깨달음을 얻는 데에도 도달할 수 있을 것이다.

이 책에 실린 글은 『미스테리아』라는 잡지에서 이런저런 미스터리에 대해 무엇이라도 좋으니 글을 써달라는 청탁을 받으면서 시작되었다. 청탁을 받고 나는 미국의 이상한 사건이나 영국의 괴상한 사건에 대한 이야기들은 여러 번역서를 통해 한국에도 잘 알려져 있는 편이고 인터넷을 통해서도 쉽게 검색되지만, 정작 한국의 과거 사건이나 한국에서 벌어진 이상한 사건에 대한 기록은 정치적인 의미가 있는 몇몇 사건을 제외하고 별로 알려져 있지 않다는 점을 지적하는 글을 쓰고 싶었다.

나는 기록의 정리·보존·공유가 부족하다는 점이 한국의 문화를 개발하는 데 큰 장벽이라고 생각하는데, 사건과 범죄의 영역에서도 비슷한 문제가 있다고 생각했기 때문이다. 그나마 텔레비전과 방송을 통해 실제 왕성히 활동하는 전현직 형사, 과학 수사 전문가들이 사건을 다루기 시작한 근래의 자료는 그래도 많은 편이지만 1950년대 전후의 옛 사건에 대해서는 자료가 매우 부족한 편이다.

그래서 나는 옛 신문 기사에 나타나는 한국의 과거 사

건 기사들을 당시 시대상에 대한 이야기와 다른 자료들과 함께 재구성해 읽을거리로 소개하는 글을 썼다. 그런데 그 글의 반응이 좋아서 『미스테리아』의 '펄프PULP'라는 고정 연재물로 자리 잡게 되었다. 그 덕택에 2016년 이후 지금까지도 연재는 꾸준히 이어지고 있다. 정확히 헤아려본 적은 없지만, 아마도 법의학에 관련된 글을 기고하는 유성호 교수님과 함께, 내가 연재물 형태로 가장 많은 글을 기고한 저자가 아닌가 생각해본다.

그리고 세월이 흘러 그렇게 쌓인 많은 글 중에 15가지 사건을 추려 묶어 이 책을 내게 되었다. 아마도 여러 가지 이상한 사건이나 기이한 실화에 관심이 많은 독자라고 하더라도 이 책에 나오는 한국의 사건 사고들 중에는 처음 접해보는 사건이 상당히 많지 않을까 싶다.

그렇기에 변변한 경력도 없던 당시의 나에게 가능성만 믿고 매번 지면을 내어주신 『미스테리아』의 김용언 편집장께 깊은 감사의 말씀을 드리고자 한다. 또한 최선을 다해서 쓴 글이 독자님들께 좋은 영향을 끼치고 우리 사회에도 도움이 되어서, 이 책에 소개된 사건들의 희생자와 피해자들에게 어떤 식으로든 위로가 될 수 있기를 바란다.

2023년 8월,
종로에서

차 례

001

불타는 한국 최초의 방송국

002

소매치기 전성시대

003

어린이를 죽인 괴물

불타는 한국 최초의 방송국

텔레비전의 마력에 빠지다

한국 텔레비전 방송의 역사는 따지고 보면, 20대 중반의 어느 젊은 전파 엔지니어에게서 출발한다. 일제강점기이던 1941년 당시 황태영은 라디오 방송국의 기술 담당 직원이었다. 식민지라는 상황 때문에 일본 방송을 받아 와서 내용을 꾸미는 경우가 잦았고, 제작진은 해외에서 일본 방송을 들을 수 있는 단파방송 수신기를 종종 사용했다.

이 중에는 기왕에 해외의 단파방송을 들을 수 있는 장비를 쓰고 있으니, 일본뿐만 아니라 다른 나라의 방송도 듣고 싶어 하는 관계자도 있었다. 특히 문제가 되었던 것은 미국 방송을 듣는 사람들이었다. 1941년 미국과 일본 사이에

태평양전쟁이 발발하자 조선총독부는 일본에 불리한 선전을 자주 내보내던 미국 방송을 엄하게 금지했다. 그런 만큼 조선총독부에 적개심을 품은 조선인들 사이에서는 몰래 미국의 단파방송을 청취하는 것이 서서히 유행하던 시절이었다.

1941년 말 조선총독부는 미국의 단파방송을 듣던 사람들을 적발해 처벌했다. 소위 '단파방송 밀청密聽 사건'이다. 300명 정도의 사람이 체포되거나 조사받았다고 하는데, 그중에 라디오 방송국 엔지니어 황태영도 포함되어 있었다. 그는 벌금 100엔이라는 처벌을 받았다. 당시 가치로 100엔이 적은 돈은 아니었지만 징역형을 살았던 사람도 수두룩한 사건임을 감안하면 비교적 가벼운 형을 받았다고 볼 수 있다. 아마 적극적으로 반일反日 선전을 퍼뜨리기 위해 미국 방송을 들었다기보다는, 단파방송 장비를 개조하고 해킹하는 호기심이 컸다는 결론을 내린 게 아닌가 한다. 어쩌면 그는 재즈 음악이나 할리우드 배우들이 출연하는 라디오쇼를 듣고 싶었던 것뿐이었는지도 모른다.

그런데 이 일이 결국 황태영의 삶을 바꾸고 한국 방송의 역사를 바꾸게 되었다. 처벌을 받은 뒤에도 황태영은 익산 지역 방송국 기술 담당자로 계속 근무했다. 하지만 이제 막 사회생활을 시작한 20대의 젊은 나이에 범법자라는 낙인이 찍혔다는 점만큼은 분명했다. 아마도 황태영은 앞으로 방송국에서 성공하기 어렵겠다는 생각을 했을 거라는 짐작이 가능하다. 실제로 그는 라디오 기술자로서 자기만의 사업을 꾸려나갈 계획을 세우기 시작했다.

일본이 미국에 패하고 조선이 광복을 맞이한 1945년 무렵, 황태영은 라디오 관련 제품을 파는 장사꾼으로 어느 정도 자리 잡았다. 1950년 6·25전쟁 당시 사업은 위기를 맞는 듯했지만, 황태영은 결국 전쟁을 급성장의 계기로 삼는 데 성공했다. 전쟁 물자와 군사 장비들이 들어오면서 무선통신과 방송의 역할이 더없이 중요해진 기회를 놓치지 않은 것이다. 휴전 후에는 파괴된 시설을 복구하는 사업에서 활약할 기회도 있었다. 황태영은 미국 장비와 전자제품을 들여와 파는 사업을 벌였고, 1950년대 중반에는 당시 대표적인 미국 전자업체 RCA의 한국 총판에 해당하는 역할을 담당할 정도로 성장했다.

그러던 어느 날 황태영은 미국 뉴욕에 출장을 떠났다. 미국 전자회사 사람들에게서 무슨 물건을 얼마에 떼어올 수 있을지 알아보고 뉴욕 거리를 돌아다니는 일은 낯설고 힘들었을 것이다. 사업이 어느 정도 번창했다고 해도, 따져보면 그는 중소 벤처기업을 차린 30대의 젊은 사업가일 뿐이었다. 1950년대 서울의 중소기업인에게 맨해튼 빌딩 숲의 거리는 SF물 속의 외계 행성 같지 않았을까?

하루 종일 돌아다니다가 지친 몸으로 호텔에 돌아왔을 때, 그는 로비에서 뒤주 같기도 하고 함 같기도 한 이상한 상자를 보게 된다. 바로 텔레비전이었다.

당시 미국의 텔레비전 방송은 폭발적으로 성장하는 중이었다. 1950년대 중반, 앨프리드 히치콕Alfred Hitchcock 감독은 텔레비전에서 〈앨프리드 히치콕 극장〉을 진행했고, 영화 〈카사블랑카〉(1949년)의 클로드 레인스Claude Rains나 〈싸이코〉(1960년)의 비라 마일스Vera Miles가 텔레비전 드라마에 출연했다. 로버트 레드퍼드Robert Redford 같은 배우가 신인으로 등장하는가 하면, '007 제임스 본드' 시리즈의 『카지노 로얄』이 텔레비전 단막극으로 제작되던 시절이었다. 새로운 기술에 깊은 관심을 가진 황태영으로서는 텔레비전이라는 장치를 눈여겨볼 수밖에 없었을 것이다.

세상에서 가장 멋진 사람들이 바로 내 집, 내 눈 앞의 화면 앞에서 친근하게 웃고 떠들고 슬퍼하고 기뻐하는 텔레비전의 마력에 황태영은 곧 깊이 빠졌다. 그는 그 마력을 갖고 싶었고 다른 사람들에게도 퍼뜨리고 싶었다. 마침 이 무렵 RCA는 몇 가지 복잡한 사정으로 황태영에게 판매 커미션을 현금으로 지급하기 어렵다고 밝혔고, 황태영은 담판 도중 그렇다면 현금 대신 텔레비전 방송 장비를 한국에 들이겠다고 제안했다. 그렇게 30대의 엔지니어 출신 무역상이 한국에 텔레비전 방송국을 세워보겠다는 도전을 시작한 것이다.

한국 최초의 텔레비전 방송을 시작하다

황태영은 우여곡절을 겪은 끝에 결국 1956년 5월 12일 한국 최초의 텔레비전 방송을 시작하는 데 성공했다. 통상 무선 호출 부호에 따라 흔히 HLKZ라고 부르던 방송국이었는데, 정식 명칭은 KORCAD 텔레비전이었다. 이 명칭은 한국Korea RCA 유통Distribution에서 따왔다. 이름답게 미국 RCA가 투자해서 세운 회사였고 방송국 국장은 황태영이었지만 사장은 미국인 조지프 밀러Joseph B. Miller였다. 그러니까 HLKZ는 지금 방송국처럼 광고 수입이나 방송 프로그램의 VOD 수입으로 운영되는 게 아니라, RCA의 텔레비전을 팔아서 수익을 내는 것에 초점을 맞추었던 회사였다. 볼 수 있는 방송이 있어야 사람들이 텔레비전을 살 것이니 텔레비전 대리점 연합회에서 방송국도 차린 셈이었다.

카메라 두 대, 스튜디오 한 곳밖에 없는 작은 방송국이었고, 전파의 송신 출력도 0.1킬로와트kW 정도밖에 되지 않아 지금의 서울 지역 범위에도 방송을 완전히 보낼 수가 없었다. 초창기에는 텔레비전을 가진 사람이 너무 없어서 광화문 사거리나 종로처럼 유동 인구가 많은 시내에 텔레비전을 세워두고, 그 앞에서 사람들이 모여서 방송을 구경하는 경우가 더 많았다고 한다. 프로그램 역시 종일 방송되는 것이 아니라 주로 저녁 시간대에 몇 시간을 채울 뿐이었고, 그

1956년 5월 12일 황태영은 한국 최초의 텔레비전 방송국인 KORCAD 텔레비전을 세우고 방송을 시작했다.

조차 매일 꼬박꼬박 방송되는 것도 아니었다.

　그런데도 방송 제작진들은 놀라울 정도로 다양한 프로그램을 만들었다. 인기 가수의 쇼뿐만 아니라, 코미디 프로그램과 텔레비전 드라마, 오디션 프로그램과 비슷한 것이 있었는가 하면 퀴즈쇼도 있었다. 지금도 텔레비전에서 활약하고 있는 원로 배우인 김영옥과 이순재 같은 배우들이 20대의 앳된 모습으로 드라마에 출연했고, 전설적인 가수 이미자가 HLKZ의 노래자랑 프로그램을 통해 데뷔했다는 사실은 제법 널리 알려졌다. 이 무렵 신문에 실린 HLKZ 텔레비전의 편성표를 보면 제작진들이 모두 황태영 사장의 텔레비전에 대한 환상에 전염된 것이 아닌가 싶을 정도로 과감하게 다양한 도전을 하고 있었다.

안타깝게도 방송국의 경영은 쉽게 호전되지 못했다. 처음부터 아무 대책이 없었던 것은 아니었다. 황태영은 애초에 방송국을 시작하면서 한 달에 300대씩 텔레비전을 팔면 최소한의 수지는 맞출 수 있을 거라고 생각했다. 실제로 이후의 텔레비전 보급 대수 통계를 찾아보면, 대체로 텔레비전이 1년에 3,000대가량은 판매되고 있었기 때문에 황태영의 계산이 얼추 들어맞았던 것 같다.

그런데 방송국을 개국할 무렵 한국 정부에서 텔레비전에 부과하는 세금을 확 올려버렸다. 텔레비전은 부유층이나 좋아하는 사치품이자 수입품이니, 근면하게 일하며 경제를 발전시켜야 하는 한국인에게는 어울리지 않는 제품이라고 정부의 누군가가 판단했던 것 같다. 텔레비전에 부과된 세율은 나중에 무려 180퍼센트에 달했다. 판매가의 3분의 2가량을 세금으로 떼어주어야 하는 구조였다. 결국 경영난을 버티지 못해 1957년 황태영과 RCA는 방송국 경영을 『한국일보』 측에 넘기게 된다. 『한국일보』 사주였던 장기영이 새 사장으로 부임했고, 이후 잠시 흑자에 근접한 적도 있었으나 수익 구조 문제가 근본적으로 해결되지는 못했다.

그렇게 가까스로 버티던 한국 텔레비전 방송계는

1959년 2월 2일, 최초의 텔레비전 방송이 시작된 지 3년 만에 가장 큰 격변을 맞게 된다. 그런데 정작 HLKZ의 뉴스는 이 격변에 대해 보도할 수가 없었다. 한밤중에 HLKZ 방송국이 화재로 완전히 불타버린 것이다.

방송국이 불에 타다

『동아일보』 1959년 2월 2일 기사에 따르면, 불은 자정을 조금 넘긴 시각에 건물 2층에서 시작되었다고 한다. 같은 날 『경향신문』 기사에서는 출연자 화장실에서 불이 처음 보인 것 같다고도 전했다. 얼마 후 소방차가 출동하기는 했지만 목조로 된 부분이 많아 불길을 잡기는 힘들었고, 겨우 불이 꺼진 새벽 1시 20분경에는 건물 위쪽이 모두 타버린 뒤였다. 그 때문에 HLKZ 방송국과 동창기업사라는 회사가 입주한 건물 2층과 3층은 완전히 못 쓰게 되어버렸다. 그나마 RCA가 입주한 1층만은 온전했다고 한다.

HLKZ는 당시 '동일빌딩'이라고 불리던 종로 한복판의 건물에 있었다. 지금도 동일빌딩이라는 이름의 건물이 종로에 있기는 하지만 당시의 위치와는 떨어져 있는 다른 건물이다. 그때의 동일빌딩은 종각역 부근으로 지금의 보신각과 매우 가까웠다. 주변의 건물 모양이 완전히 바뀌었기 때문에 현재 기준으로 정확히 어디라고 지칭하기는 어려운데, 길의 방향으로 봐서는 보신각에서 광교 방향으로 가는 길모퉁이쯤이었던 것 같다. 1959년에는 눈에 확 뜨일 만큼 큼지막한 건물이었다.

동일빌딩은 동일은행의 건물로 옥상에 돔이 높이 솟아 있어 특히나 커 보였다. 6·25전쟁 중 그 돔이 파괴되어 건물의 특색이 사라졌는데, 텔레비전 안테나를 세웠기 때문에 다시금 건물이 돋보이게 되었다. HLKZ를 흔히 종로방송국이라고도 불렀다고 한다.

아침이 되어 방송국 직원들과 사장이 도착했을 때 건물은 외벽과 검은 재와 연기만 남아 있는 상태였다. 지금도 그렇지만 그 시절에도 행인이 많은 거리였을 테니, 모두 발걸음을 멈추고 완전히 연소되어 검게 그을린 외벽을 쳐다보느라 길이 붐볐을 것이다. 당국에서는 즉각 숙직하던 직원들과 수위 등 10명가량을 조사하면서 화재의 원인 파악에 착수했다.

그런데 이 작업이 쉽지 않았다. 일단 『동아일보』 2월 3일 기사를 보면, 누전차단기의 퓨즈가 끊어졌다는 점을 들어 전기 과부하로 화재가 났을 가능성을 추정하고 있다. 방송국의 기술직 직원 한씨와 수위 김씨가 중대한 실수를 저질러 화재를 일으킨 혐의로 구속되기도 했다. 『경향신문』 2월 4일 기사에 따르면, 이때까지만 해도 화재는 이 두 사람이

HLKZ 방송국 건물은 대부분 목조로 된 부분이 많아 불길을 잡기는 힘들었다. 다음 날 아침 건물은 외벽과 검은 재와 연기만 남아 있었다. (『동아일보』 1959년 2월 2일)

전기난로를 과도하게 켜둔 채 잠들어버려서 건물 어딘가에 불이 붙었다며 추정했던 것이다.

그런데 사건이 검찰로 넘어간 뒤, 전기와 관련된 문제는 없었던 것으로 밝혀졌다. 『동아일보』 2월 24일 기사를 보면, 화재를 일으킬 수 있었다던 전기난로는 2월 1일 밤에서 2월 2일 새벽 당시에는 사용하지 않았던 것으로 결론을 내리고 있다. 이 무렵에는 혹시 이 사건이 방화에 의한 것이 아니냐는 추측이 나오게 되었고, 신문 기사에서도 그 점을 언급하고 있다.

방송국 내부에 갈등의 소지는 있었다. 일단 사소한 갈등으로는 기존의 방송국 사람들과 나중에 넘어온 『한국일보』 출신 관리자들 간에 성향 차이를 꼽을 수 있다. 1999년 김준모의 논문인 「HLKZ-TV에 관한 연구: 이승만 정권의 개입 내용을 중심으로」에 실린 최창봉崔彰鳳의 회고를 보면, 황태영 국장이나 조지프 밀러 사장은 꿈과 환상을 좇는 기질이 있었던 데 비해, 『한국일보』 측 인사들은 제작비와 수익을 중시하는 현실적인 사람들이었다고 한다.

최창봉은 평북 의주 출생의 연극인이자 방송인으로, HLKZ 텔레비전에서 PD로 일했으며 이후 동아방송 국장과 사장을 거쳐 1989년부터 1993년까지 MBC 사장을 역임했다. 조지프 밀러 사장은 드라마 방영이 성공을 거두고 나면 그날 밤 직원들을 조선호텔로 불러 파티를 열었다. 그에 비해 『한국일보』 측의 김선휴 부장 같은 사람은 제작비 한 푼을 허투루 낭비하지 않도록 꼬박꼬박 챙기는 편이라 최창봉의 말에 따르면 "개성 상인 기질"이 강했다고 한다.

좀더 심각한 사건이 발생한 적도 있었다. 1958년에는 제작 담당 간부인 전씨가 북한에 정보를 빼돌리는 스파이라는 혐의를 받아 체포된 사건이 있었다. 2006년 8월 21일

김성호·이영미가 채록한 「제2차 구술채록문: 해방 직후와 1950년대의 연극 상황」에 실린 최창봉의 인터뷰에 따르면, 전 과장은 본래 이북 출신이었는데 6·25전쟁 전후로 남한으로 넘어왔다고 한다. 그는 평양에서 머물던 시절, 소련 출신 연극인들에게서 근대 배우 기술인 스타니슬랍스키 시스템Stanislavskii System을 제대로 배웠기 때문에 남한 연극인들에게 강한 인상을 남겼다고 한다. 그가 방송국의 제작 과장이 된 것도 바로 그런 인연 때문이었다고 한다.

최창봉은 인터뷰에서 전 과장이 이북의 스파이들과 접촉을 했다고 해도, 아마 평양에 남겨둔 가족을 빌미로 한 협박 때문에 마지못해 몇 번 만난 것일 뿐, 실제 스파이 행위를 하지는 않았을 것으로 짐작한다고 밝혔다. 그렇지만 당시 사법부는 전 과장을 유죄로 판결해 방송국 전파를 이용한 간첩 행위를 했다는 이유로 사형이라는 중형을 언도했다. 별다른 후속 기사가 없는 것을 보면, 실제로 전 과장은 나중에 사형을 당한 것으로 보인다. "죄가 크지 않아 곧 나올 줄 알았는데 5·16 이후의 엄정한 분위기 때문에 갑자기 사형을 당했다"는 최창봉의 회고와도 들어맞는다.

내부 갈등이나 스파이 사건 외에도 뒤숭숭한 소식은 더 있었다. 예를 들어, 『경향신문』에는 HLKZ 방송국 외에 다른 텔레비전 방송국이 하나 더 생길 것으로 예상된다는 소식이 실렸다. 이 기사가 실린 시점은 공교롭게도 화제 바로 전날인 2월 1일이었다. 정부와 공공기관이 주도해 새로운 방송국을 만든다는 소식이었는데, 이는 위태롭게 버티고 있는 민간 방송국 HLKZ에는 위협이 될 수도 있었다. 어쩌면 몇몇 방송국 사람들의 머릿속을 뒤숭숭하게 만들었을지도 모른다.

이런 여러 혼란스러운 상황이 HLKZ 방송국 화재 사건과 뭔가 직간접적으로 연관 있을 것이라고 추측하는 사람도 없지 않았다. 막연한 뒷소문에 불과하지만, 스파이 사건이 화재에 최소한 간접적으로나마 어떤 영향을 미치지 않았을까 하는 상상을 암시한 문건도 있었다. 따지고 보면 1959년 2월은 4·19혁명이 일어나기 고작 1년 전이다. 자유당 정권의 부패가 극심하던 시절이었으므로, 신문 보도 이상의 어떤 복잡한 사연이 숨겨져 있을 가능성이 그저 황당한 상상만은 아니었다.

KBS-1 채널 번호는 9번

이후 화재 사건은 더욱더 골치 아픈 수수께끼가 되었다. 방송국이 미국 보험회사와 제법 큰 보험 계약을 맺었기 때문에, 조사의 책임이 더 무거워진 것이다. 보험금은 수십만 달러 수준의 액수로 이 무렵 상황을 감안하면 상당한 거액이었다.『동아일보』2월 25일 기사를 보면, 보험회사 조사원 역시 화재의 진상을 따져보고 있다는 소식이 실려 있다.

화재 원인을 정확히 따지는 것은 민감한 문제였다. 방송국의 사정은 어려운 형편이었다. 누군가가 차라리 방송국을 없애버리고 보험금이나 챙기는 것이 더 이득이라고 생각해서 보험 사기 목적으로 일부러 불을 질렀다고 가정해보자. 그렇다면 당연히 보험회사는 보험금을 지급할 필요가 없다. 그에 비해 순전히 전기 사고로 인해 화재가 일어났다면 보험금을 주어야 한다.

조금 미묘한 상황으로, 방송국 간부 중 하나가 사고가 일어날 가능성이 높은 전기 장비를 일부러 과도하게 사용했다고 가정하면 어떨까? 그렇다면 이 간부가 보험금에 관계된 사정을 미리 알고 있었는지, 얼마나 의도적으로 장비를 위험하게 썼는지에 따라 보험금 지급 여부가 달라질 것이다. 반대로 의도적인 방화 사건이라도, 방송에 불만을 품은 외부인이 그저 테러 목적으로 불을 질렀다면 방송국은 보험금을 받을 수 있다.

여기에 더해 그날 밤 외부인의 출입 가능성을 따져보면 문제는 훨씬 복잡해진다. 마지막 방송인 2월 1일 프로그램 중에는 〈즐겁고 씩씩하게〉가 포함되어 있다. 이날 편성표를 확인해보면 호산나 어린이 합창단이 출연해서 노래를 불렀던 것 같다. 이 시기 텔레비전 방송국은 녹화 기술을 보유하지 못했기 때문에 대부분 생방송으로 진행되었다. 따라서 화재 전날 저녁에도 다수의 어린이 합창단원과 그 인솔자와 부모들이 왁자하게 방송국에 몰려들었을 것이다. 그 와중에 누군가 방화를 일으킬 은밀한 작업을 도모했거나, 우연히 화재를 일으킬 만한 실수를 저질렀을 가능성은 한 번쯤 검토해볼 만하지 않을까?

2월 1일 방송 프로그램 중에는 〈별아 내 가슴에〉라는 제목도 눈에 띈다. 혹시 1958년 개봉한 김지미 주연의 동명 영화를 방영한 것이 아니었을까? 당시 10대였던 김지미는 지금의 아이돌 스타 같은 굉장한 인기를 누렸고, 〈별아 내 가슴에〉 역시 1950년대 한국 영화 흥행의 장벽처럼 느껴졌던 서울 관객 10만 명을 돌파한 흥행 대작이었다. 게다가 그 무렵 김지미는 〈별아 내 가슴에〉의 연출을 맡았던 홍성기 감독과 어린 나이에 결혼하며 떠들썩한 화제를 모았으니, 이 영화는 방송국에서 특히 야심차게 편성한 특선 영화였을 것이다.

정말 그랬다면 영화사 관계자나 필름을 다루는 외부 기술자들이 출입했을 가능성도 배제할 수 없다. 이 방송국에서 사용했던, 영화 필름을 텔레비전 방송으로 송출하는 장치가 특별히 복잡한 시스템이었다는 점도 괜히 떠올리게 된다.

화재 직전 HLKZ가 맨 마지막으로 내보낸 프로그램은

밤 9시경 〈영어 교실〉이었다. 외부에서 영어 교사나 원어민 보조 연기자가 방송국에 왔을 가능성도 따져보아야 한다. 게다가 이 시절 방송국은 특별히 출연 일정이 없어도 여러 분야의 예술인들이 찾아와 죽치고 있다가 서로 환담을 나누고 안부를 묻는 친목 장소의 역할도 담당했다. 그 때문에 방송과 아무 관계 없이 드나든 인물이 훨씬 많았을 수도 있다.

결국 HLKZ 방송국 화재의 원인은 명확히 밝혀지지 않았다. 『동아일보』 2월 25일 기사에 따르면, 전기 계통의 이상을 따질 때의 중요한 증거이자 단서가 될 수 있는 누전 차단기가 어처구니없게 사라진 일까지 겹쳤다고 한다. 이 기사에는 21세의 사환인 상씨가 누전차단기를 고물로 팔아버렸다는 황당한 이야기가 실려 있는데, 그 행방을 아는 사람은 아무도 없다.

『동아일보』 2월 3일 기사를 보면, 화재가 발생한 즉시 신고가 접수되지 않았고 소방서의 감시 망루에서 불길이 눈으로 확인될 즈음에서야 신고가 늦게 들어왔다는 점을 밝히고 있다. 화재 당일 조사받은 사람들 간에 말이 맞지 않았다는 언급도 있고, 방송국 철문이 닫혀 있어서 초기에 화재 진압을 위한 접근이 어려웠다는 점을 지적하고 있다. 이 모든 사실이 도대체 무슨 원인과 결과로 엮여 있는지, 혹은 별 상관이 없는 우연인지는 아직까지도 해명된 바가 없다.

다만 『한국일보』로서는 다행스럽게도, 보험회사는 결

한국 최초의 텔레비전 방송국 HLKZ의 채널 번호 9번은 1961년 12월 31일에 개국한 KBS-1이 계승해서 이어오고 있다. (『동아일보』 1961년 12월 15일)

국 보험금을 지급했다고 한다. 최창봉의 회고에 따르면, 장기영 사장은 화재 직후 잿더미가 된 방송국을 쳐다보면서 "다시 시작하는 거야"라고 읊조렸다고 한다. HLKZ 방송국 직원 중 몇몇은 정말로 얼마 후면 다시 방송국이 재건될 것으로 생각하고 미군의 AFKN 방송 시간을 빌려 한국어 방송을 얼마간 운영하기도 했다.

그러나 민간 기업의 도전으로 시작한 한국 최초의 텔레비전 방송국 HLKZ는 영영 이어지지 못했다. HLKZ 방송은 그대로 사업을 종료했고, 시간이 흘러 1961년 12월 정부 주도의 방송국인 KBS가 텔레비전 방송을 다시 시작할 수 있었다. 그 옛날, 라디오 장비 해커 출신의 무역상이었던 한 젊은이가 한국 최초의 텔레비전 방송에 도전하기 위해 사업을 벌였을 때 HLKZ가 택한 채널 번호는 9번이었다. 이 채널 번호는 60여 년이 지난 지금까지 KBS-1이 계승해서 이어오고 있다.

002

소매치기 전성시대

검은 손의 세계

소매치기는 조선시대 이전에도 관련 기록을 심심찮게 볼 수 있는 오래된 범죄 수법이다. 지금도 가끔씩 소매치기 사건 소식은 들려오니, 길고 꾸준하게 역사를 이어온 셈이다. 그 기나긴 세월, 하고많은 소매치기 범죄자 중에 그 사연이 복잡한 사람을 꼽는다면 '꼬마'라는 별명으로 잘 알려졌던 문씨를 언급하고 싶다.

문씨의 삶은 한국 소매치기 범죄의 역사와 함께 굴곡졌다. 소매치기 범죄가 급격히 성장하던 일제강점기에 문씨는 처음 소매치기를 시작했고, 소매치기 범죄의 전성기라고 할 수 있던 1950~1960년대에 문씨도 전성기를 누렸다.

소매치기 범죄가 일제강점기에 갑자기 성장했던 이유는 급격한 도시화와 더불어 여러 사람이 혼란스럽게 북적이며 모일 기회가 많아졌기 때문이라고 생각한다. 와글거리며 정신이 없는 사이에 소매치기가 슬며시 끼어들어 다른 사람의 물건을 훔친 다음, 누가 누군지 구분할 수 없는 처음 보는 사람들 사이로 사라진다. 이런 범죄는 낯선 사람들이 한데 가득 몰려 있어야 저지르기 쉽고, 친숙하지 않은 공간으로 다니는 사람이 많을수록 성공하기 쉽다. 현대적인 도시는 그런 조건을 만족시킨다.

『농아일보』는 1975년 6월 16일부터 '검은 손의 세계'를 통해 소매치기 범죄에 관한 기사를 연속으로 게재하면서, 아주 전형적이고 고전적인 소매치기 수법을 소개했다. 그 내용을 요약해보면 다음과 같다.

혼자서 범행하는 경우가 있고, 각각의 전문 분야를 맡은 여러 명이 팀을 이루어 범행하는 경우가 있다. 혼자서 범행하는 소매치기는 '특공대特攻隊'의 일본식 발음을 따라 '독고다이とっこうたい'로, 여러 명이 움직이는 팀은 '회사'라고 불렀다고 한다.

팀을 짜서 활동하는 소매치기, 그러니까 소매치기 회사는 가끔 돌팔이 약장수 패거리나 사이비 유랑극단 패거리와 한패가 되기도 한다. 그들은 신기한 약을 판다면서 웃긴 소리를 주절주절 늘어놓고 차력 쇼를 보여주거나, 시장

소매치기 회사는 돈을 훔치는 손재주가 있는 '기계'와 '딸림새'라고 불리는 보조 대원 등이 함께 팀을 이루어 움직인다. (『동아일보』 1975년 6월 16일)

통 한쪽에 신기한 악기를 연주하며 눈을 홀리는 노래와 춤을 펼쳐 보인다. 쇼를 더 잘 보기 위해 사람들이 와글거리며 몰려들고 공연에 흠뻑 빠져들 즈음, 물건 빼돌리는 재주가 가장 좋은 단원이 사람들의 지갑이나 돈을 슬쩍 훔쳐내는 것이다. 이렇게 직접 돈을 훔치는 손재주가 좋은 단원을 '기계'라고 불렀다고 한다. 본업인 약을 별로 많이 팔지 못하더라도 소매치기 범죄로 나머지 돈을 벌충할 수 있다.

또 이런 작업에는 '딸림새'라고 불리는 보조 대원이 함께 일하는 경우가 많다. 딸림새는 결정적인 순간에 눈을 확실히 다른 쪽으로 돌릴 연기를 하거나, 기계가 돈을 훔친 것이 너무 일찍 발견되면 괜히 엉뚱한 쪽을 가리키며 "저놈이다!"라고 소리쳐서 사람들을 헷갈리게 만든다. 이도저도 안 되면 범인을 붙잡으러 뛰는 사람 앞을 모르는 척 막아서거나 일부러 그 앞에서 넘어진다거나 하는 방식으로 기계가 도망칠 수 있게 돕는 역할도 수행한다.

한발 더 나아가서 의심을 역으로 이용하는 속임수를 쓰는 경우도 있었다. 예를 들어 약장수가 한참 재미난 소리를 늘어놓으며 약을 팔다 말고 "내 말이 너무 재미있다고 빠져들어서 듣지 마. 요즘 소매치기가 극성이라잖아. 이런 때를 조심해야 해"라는 식으로 소매치기를 조심하라는 이야기를 일부러 대놓고 밝혀버린다. 그러면 귀중한 물건을 지닌 사람은 자신의 지갑이나 보따리가 무사한지 한 번 손으로 짚어 보고 만져보게 된다. 무리 중에 섞여 있던 기계는 바로 그 순간의 모습을 눈여겨본다. 누가 돈을 갖고 있는지, 어디에 돈을 갖고 있는지 알아챈 기계는 표적을 정할 수 있다.

헌병으로 변장한 소매치기

교통이 발달하자 소매치기 회사는 일터를 대중교통수단으로 옮겼다. 가장 쉽게는 흔히 '땡땡이'라고 불리던 전차를 꼽을 수 있다. 전차는 따지고 보면 전철에 가깝지만, 일제강점기 이후 몇십 년간 지금의 시내버스와 비슷한 역할을 담당했다. 승객이 갈수록 붐비고 소란스러울 때가 많아졌으므로 그 혼란한 틈을 타서 소매치기가 물건을 훔치기에 좋았다. 특히 피해자가 전차에 타기 직전 그 뒤에서 물건을 훔치거나, 기계가 물건을 훔치자마자 바로 전차에서 내리면 자연스럽게 피해자와 기계의 거리가 멀어진다. 일부러 열심히 뛰지 않더라도, 떠나가는 전차가 저절로 도망쳐주는 역할을 하는 셈이다.

철도 교통이 발달하자 열차 내에서 비슷한 방식으로 소매치기 행각을 벌이는 패거리가 많아졌다. 장거리 교통수단에서 철도가 차지하던 비중이 워낙 크던 시절이라, 이 시기의 열차는 지금보다 훨씬 사람이 많고 붐볐다. 게다가 부산에서 출발한 열차가 서울을 거쳐 신의주까지 뻗어갔고 그 열차가 그대로 국경을 넘어가는 국제 운행도 했으므로, 야간열차는 매우 흔했고 그만큼 열차에서 깊은 잠에 빠지는 승객도 많았다. 깜빡 잠든 틈을 타 보따리를 훔친 소매치기는 이미 뛰어내렸는데, 피해자가 나중에 그것을 알아차린다

한들 열차를 타고 몇백 킬로미터를 지나온 상황이라면 막막할 수밖에 없다.

문씨는 소매치기로서 최고의 실력을 갖춘 기계이자 동시에 회사의 두목, 그러니까 사장이었다. 문씨의 이야기가 세상에 자세히 알려진 것은 1955년 10월 14일, 그가 검거되었을 때다. 『경향신문』 10월 16일 기사에는 당시 문씨의 모습이 상세하게 소개되었다.

문씨는 세태에 어울리는 새로운 수법을 개발해둔 상태였다. 휴전 이후 2년밖에 지나지 않았던 1955년, 전국에 군인이나 군 관계자가 굉장히 많던 시절이다. 그러니 군인을 단속하는 헌병대의 위상이 무척 높았다. 사람들은 괜히 헌병이라면 큰 권위가 있는 것처럼 생각하거나 심지어 그들을 두려워했다. 그런 모습을 보고 문씨는 헌병으로 변장하면 소매치기에 매우 유리하겠다는 발상을 떠올렸다.

문씨는 상사 계급의 헌병 복장을 차려입고 출장 명령서까지 위조해 들고 다녔다. 어디서 구했는지 권총까지 차고 있어서 언뜻 보면 진짜 헌병과 다를 바 없었다. 문씨는 함께 일할 기계와 딸림새들을 구해 회사를 차렸고, 서울 각지의 전차와 버스에서 수없이 많은 소매치기 행각을 벌였다. 주로 활동한 장소는 종로에서 마포로 가는 노선이었다. 불과 몇 달 동안 벌인 소매치기 횟수는 200회 이상이었고, 훔친 금액은 1,000만 환 이상이었다고 한다. 현재 가치로 대략 계산해도 수천만 원은 가볍게 넘는 액수다. 그야말로 직장인들이 매일 출근해서 일을 하듯이 소매치기를 한 셈인데, 그 돈으로 문씨는 항상 호텔에서 지내며 화려한 생활을 누렸다고 한다.

문씨를 따르는 부하들의 모습, 태연히 헌병 흉내를 내는 뻔뻔한 문씨의 성격, 사치스럽게 놀며 훔친 돈을 다 써버리는 방탕한 행태. 그런 문씨의 모습에 호기심을 느낀 사람은 여럿 있었던 것 같다. 『동아일보』 기자도 그중 1명이었던 것으로 보이는데, 그 덕택인지 검거된 지 열흘 정도가 지난 『동아일보』 10월 26일 기사에는 문씨의 과거에 대해 더욱 놀라운 사연이 실렸다.

이 기사에 따르면, 애초에 문씨는 돈이 없어서 어쩔 수 없이 도둑질에 손을 댄 사람이 아니었다고 한다. 문씨의 집안은 오히려 부유하며, 부모의 지위도 훌륭한 편이었다. 문씨의 아버지는 범죄자가 아니라 정반대로 범죄를 수사하고 심판하는 검사였고, 어머니도 당시로서는 높은 수준의 교육을 받은 인물이었다. 외아들로 태어난 문씨는 초등학교 초반 학교생활에도 잘 적응하는 편이었다. 이 기사에서는 "공부도 잘했으며 2학년 때에는 급장을 맡기도 했다"고 언급했다.

이 기사에 따르면, 문씨의 삶이 뒤틀린 계기는 10세 무렵 임씨라는 친구를 만나게 되면서부터였다고 한다. 당시

13세였던 임씨는 문씨에게 먹을 것을 사주고 극장 구경도 시켜주면서 친해졌다고 한다. 함께 어울려 다니며 놀다 돈이 부족해지자 임씨는 문씨에게 부모의 돈을 훔치면 어떻겠냐고 했다. 그것이 문씨의 최초의 도둑질이었다.

그러다 1935년 7월, 임씨는 문씨에게 "서울에 가보자"고 제안했다. 문씨는 상당히 많은 액수의 돈을 훔쳐 임씨와 함께 열차를 타고 서울로 떠났다. 도중에 대전에서 군것질을 할 때 고액권을 쉽게 꺼내드는 모습을 수상히 여긴 사람들 때문에 경찰에 붙잡혔고, 결국 집으로 돌아가게 되었다. 문씨는 부모에게 심한 꾸지람을 들었지만, 그런데도 물건을 훔치는 버릇을 끊지 못했다. 이후에는 어머니의 금비녀나 금반지를 훔치기도 했다고 한다.

서커스단, 만주국, 좀도둑거리

문씨는 중학생 시절 다시 돈을 훔쳐 임씨와 함께 서울로 떠났다. 잠은 서울역에서 대충 해결하고 낮에는 이곳저곳 구경을 다니며 시간을 보냈다고 한다. 그러던 어느 날 임씨가 갑자기 자취를 감추었다. 정황은 알 수 없지만 아마 남은 돈도 그때 같이 없어진 듯싶다.

당장 굶게 된 문씨는 서울역 주변에서 먹고살 만한 방

법을 찾아보기에 이른다. 일제강점기, 본격적인 근대 도시로 성장하던 서울에는 일거리를 찾아 헤매는 뜨내기가 많았다. 자연히 뜨내기들이 어떻게든지 버텨볼 만한 기회가 있었고, 그런 뜨내기들을 이용하는 자들도 서울역 근처에 자리 잡고 있었다.

문씨가 찾은 곳은 어느 서커스단이었다. 이 시절 서커스단 중에는 연고가 없는 어린이나 청소년에게 먹고 잘 곳을 주는 대신, 이들을 곡예사로 훈련시켜 공연에 활용하는 곳이 많았다. 문씨는 철봉을 이용하는 곡예를 배우는 견습생이 되었다. 『동아일보』 10월 26일 기사에서 "남모를 고생을 겪게 되었다"고 언급하는 것으로 보아 혹독한 훈련이나 주변의 열악한 환경이 무척 괴로웠던 듯싶다. 그도 그럴 것이, 애초에 문씨가 철봉 운동이나 곡예에 특출한 재능이 있는 사람이 아니었는데 갑자기 서커스단 견습생이 되었으니 그 생활이 쉬울 리 없었다.

문씨는 이때 자신의 다른 재능을 발견한다. 바로 다른 사람의 물건을 몰래 빼내는 소매치기 재주였다. 이 서커스단을 따라다니는 사람 중 '해주 꼬마'라는 별명으로 불리던 소년이 있었는데, 서커스단 공연에 정신이 팔린 관객들의 물건을 소매치기하는 이였다.

문씨는 해주 꼬마에게 소매치기 수법을 배웠고, 둘은 호흡이 잘 맞는 팀이 되었다. 1960년대까지도 나이가 어린

청소년 범죄자들을 흔히 '꼬마'라는 별명으로 불렀는데, 보통 출신 지역에 따라 '서울 꼬마'라든가 '경기도 꼬마' 같은 식으로 구분하기도 했다. 그러니까 해주 꼬마는 황해도 해주 출신의 청소년 범죄자였을 것이다. 문씨가 '꼬마'라는 별명을 처음 얻은 것도 바로 이 무렵이었을 것으로 추측한다.

문씨의 재주는 훌륭했다. 소매치기 기술을 익힌 지 3개월 만에 많은 수입을 올리는 완연한 전문 소매치기꾼이 되었다. 자신감을 얻은 문씨와 해주 꼬마는 얼마 후 서커스단을 뛰쳐나왔고, 당시 소매치기꾼들의 성지와도 같았던 만주국의 봉천奉天으로 향했다.

만주국 일대가 소매치기꾼들에게 유리했던 까닭은 무엇보다도 열차에서 범행을 저지르기에 좋은 곳이었기 때문이다. 식민지 조선을 거쳐 중국이나 몽골, 소련까지 여행할 수 있었던 긴 열차 노선은 항상 붐볐고, 지친 승객이나 혼란스러워하는 사람이 많을 수밖에 없었다. 열차가 일단 국경을 넘으면, 이 나라의 경찰이 저 나라까지 따라 들어가서 함부로 설칠 수가 없으니 경찰을 따돌리기에도 유리했다. 게다가 당시의 만주국 지역에 대해서는 고질적으로 치안이 불안하다는 평판이 따라붙었다. 소매치기에 성공한 다음 마적 떼와 총잡이들이 득실거리는 만주의 황야 저편으로 숨어버리면 무법자들의 세계로 사라질 수 있다고 생각했다.

이런 배경 때문에 광복 후에도 한참 동안 한국 영화에

서 서부극 비슷한 이야기를 구상할 때 이 무렵의 만주국 지역을 배경으로 하는 경우가 흔했다. 임권택 감독의 〈두만강아 잘 있거라〉(1962년)부터 김지운 감독의 〈좋은 놈, 나쁜 놈, 이상한 놈〉(2008년)까지 만주국 지역을 배경으로 하는 수많은 한국 영화가 있었고, 이는 '만주물'이라든가 '만주 웨스턴' 같은 명칭으로 불렸다. 다만 이런 영화 속에서는 멋쟁이 총잡이들이 일본군의 황금을 빼돌려 독립군 군자금으로 사용하기 위해 말을 달렸지만, 실제로는 문씨 같은 소매치기 범죄자들이 가방을 훔쳐 도망치면 중국어를 모르는 조선인 여행객이 경찰에 신고할 때 애를 먹었다는 에피소드가 훨씬 많았다.

문씨는 서커스단에서 소매치기 기술을 익힌 후 소매치기꾼들의 성지와도 같았던 만주국의 봉천으로 향했다. 만주국 봉천역.

그런데 영화만큼은 아니더라도, 당시 만주국 봉천 등지에 독특한 무법 지대가 형성되어 있었던 것은 사실이다. 『동아일보』1958년 5월 25일 기사를 보면 '쑈토얼마찌'라는 지역을 소개하는데, 샤오터우얼마치小偷兒町를 잘못 소개한 말인 듯싶다. '샤오터우얼小偷兒'은 중국어로 '좀도둑'이라는 뜻이고 '마치町'는 일본어로 길이라는 뜻이니, 이 말부터가 중국어와 일본어가 섞여 있어 만주국의 꼬인 상황을 대변하는 느낌인데, 번역하자면 '좀도둑거리'쯤이 되겠다. 도적떼가 많은 동네마다 그런 좀도둑거리가 한 군데씩 있었다. 봉천에는 봉천 샤오터우얼마치가 있고 장춘長春에는 장춘 샤오터우얼마치가 있는 식이었다.

샤오터우얼마치는 도둑질한 장물을 거래하는 동네이자, 도둑을 맞았거나 소매치기를 당했을 때 그 물건을 찾으러 가는 곳이기도 했다. 무슨 물건이건 도둑맞은 지 얼마 후 샤오터우얼마치를 돌아다니면, 그 물건이 거래되고 있는 모습을 반드시 발견할 수 있었다고 한다. 돈을 좀 주고 원래 자기 것이었던 그 물건을 사오기도 하고, 수완에 따라서는 주먹질을 하거나 권총을 들이대면서 몇 마디 협박한 뒤 힘으로 물건을 되찾아오는 일도 있었다.

문씨는 주로 봉천을 근거지로 삼고 북쪽으로는 하얼빈, 남쪽으로는 한반도까지 오가는 열차를 누비며 약 10년간 소매치기 노릇을 했다. 광복 후에 문씨가 소매치기 회사의 사장으로 왕성하게 활동한 것을 생각해보면, 이 시기 문씨는 실력이 출중했고 샤오터우얼마치에서 이름도 알려졌던 것으로 보인다. 소매치기로 번 돈을 유흥으로 탕진하며 향락적인 생활을 즐기는 버릇도 이때 생겼던 것 같다.

1955년 문씨가 대한민국 경찰에게 검거되었을 때 전과 2범이었다. 이 두 번은 대한민국 경찰에게 잡혔던 기록이다. 그렇다면 광복 전 10년간의 소매치기 행각 중에는 한 번도 잡히지 않았다는 뜻이 된다. 물론 광복과 함께 일제강점기의 전과 기록이 사라졌을 가능성도 있기는 하다. 그러나 전과 경력을 자랑처럼 이야기하던 당시 소매치기 패거리 사이의 관행을 보면 일제강점기에 문씨가 여러 차례 체포되었을 가능성은 낮다.

서울과 부산에서 소매치기를 하다

광복 이후 문씨는 더는 예전처럼 활동할 수 없게 되었다. 남북이 분단되고 냉전이 시작되면서 부산에서 출발한 열차가 몽골이나 소련까지 연결되는 노선은 운행되지 못했다. 엉성한 만주국 정부의 치안 아래에서 국경을 따라 재주를 마음껏 뽐냈던 문씨가 그 재능을 자유롭게 써먹을 수 있는 시대는 끝났다. 어쩌면 함께 일하던 동료인 '해주 꼬마'

가 분단의 고착을 지켜보다 고향인 황해도로 돌아가겠다고
했을지도 모르겠다.

　그 때문에 문씨는 광복 직후 잠시 소매치기 노릇을 그
만두었다. 이때 검사 출신이었다는 부친이 사망했다는 소
식도 들었다고 하지만, 특별히 거기에 영향을 받은 것 같지
는 않다. 그러다가 1946년 2월부터 서울 청량리역을 중심
으로 '깡통', '깡송이', '딱콩' 등의 별명으로 불리던 패거리
와 함께 다시 소매치기 활동을 시작했다. 6·25전쟁 발발 후
에는 입대 후 얼마 지나지 않아 하사가 되었다는데, 이 말이
사실이라면 전쟁 중에 큰 공을 세웠나는 뜻이다. 그게 아니
라면 또 무슨 협잡을 부렸다는 뜻이기도 하다. 상상일 뿐이
지만 소매치기 재주를 이용해서 북한 인민군의 중요한 정보
를 빼돌려 포상이라도 받았는지 모르겠다. 그리고 6개월 만
에 부상으로 제대한 문씨는 피난지인 부산에서도 소매치기
를 했다. 이때의 동료로는 '대가리 장군'이나 '삼각' 등이 언
급된다.

　『동아일보』 10월 26일 기사에 나온 문씨의 사연이 전
부 사실일 가능성은 크지 않다. 해외에서 지내다가 광복 후
에 귀국한 사람들이 이 무렵 늘어놓는 무용담 중에는 허풍
이나 과장도 적지 않았다. 만주에서 개장수로 지냈으면서
흑룡강黑龍江에서 호랑이 사냥을 했다고 떠들거나, 물정 모
르는 일본인이 처음 만주국에 도착해서 어리벙벙할 때 그들

을 등쳐먹는 사기를 치며 살던 사람이 "항일 투쟁에 온몸을 바쳤다"는 식으로 이야기를 꾸며내는 경우가 없었다고 할 수는 없다. 봉천을 근거로 조선 땅에서부터 소련까지를 종횡무진하며 거액을 훔쳤다는 문씨의 회고에는 과장된 면이 분명히 있을 것이다.

그렇지만 분명 사실에 근거한 면도 있을 것이다. 문씨의 가족에 대해 조사한 대목을 보면, 실제로 문씨의 가족은 꽤 부유한 편이었다. 아버지가 검사였다는 확실한 증거는 없지만 적어도 대충 분위기는 들어맞는다. 게다가 문씨가 유명한 소매치기 회사의 사장이었다는 것만은 분명한 사실이다. 소매치기에 관한 기사들에서 몇십 년을 두고 문씨의 이름이 꾸준히 언급된다. 1955년 검거 시점이면 문씨의 나이가 이미 30대가 되었을 시기인데, 이때까지도 '꼬마'라는 별명이 사용된 것을 보면 그만큼 어린 시절부터 뛰어난 재주로 소매치기들 사이에 이름이 퍼졌을 가능성이 높다.

하물며 1955년에 헌병 행세를 하다가 검거되었을 때에도, 소매치기 행위 자체가 들켜서가 아니었다. 금은방 권총 강도를 준비하다가 주변에 그 사실이 새어 나갔기 때문에 붙잡힌 것이었고, 경찰이 잡고 보니 그 유명한 문씨였다는 것이다.

백식구파와 김 형사

이후 문씨에 관한 이야기는 긴 시간 신문 지면에 등장하지 않는다. 여기에는 세 가지 가능성이 있다. 첫째, 문씨가 소매치기를 그만두기로 결심했고 실제로 그랬을 수도 있다. 둘째, 문씨가 사망하거나 해외로 거주지를 옮겼을 수도 있다. 마지막으로 절대 잡히지 않을 만한 더욱 놀라운 범죄 수법을 개발해내는 데 성공했을 가능성도 있다. 셋 중에 문씨가 택한 길은 무엇이었을까? 그 답은 11년이 지난 『경향신문』 1966년 3월 18일 기사에 나타난다.

이번에도 역시 문씨가 소매치기를 하다가 들켜 체포된 것은 아니었다. 앞서 1965년에 거액의 내기 당구를 하다가 붙잡힌 사람의 이름으로 문씨의 실명이 등장하는 기사가 있기는 한데, 이름과 나이를 보면 문씨일 가능성이 높아보이기는 하지만 확실하지 않다. 그리고 『경향신문』에 소개된 사건은 소매치기와 관련이 있는 일이기는 하다. 그렇지만 그 내용은 매우 특이하다. 문씨가 소매치기 수법을 점점더 향상시켜나가다가 어느 시점에서 발상의 전환에 성공했다는 생각이 들 정도다.

그보다 열흘 앞선 『경향신문』 3월 8일 기사에 따르면, 당시 서울에서 활동하던 소매치기 회사 중에 '백식구파'가 있었다. 그런데 서울시경의 형사 중 김씨라는 사람이 그 백

서울시경의 김 형사는 소매치기 전담반 소속이었지만, 뇌물을 받고 소매치기의 뒤를 돌봐주거나 소매치기를 풀어주기도 했다. (『경향신문』 1966년 3월 8일)

식구파에서 거액의 뇌물을 받고 있다는 혐의를 받았다. 뇌물의 액수도 컸던 데다가, 김 형사는 서울시경 수사과 3계 소매치기 전담반 소속이었다. 그러니까 소매치기를 잡아야 할 형사가 거꾸로 뇌물을 받고 소매치기의 뒤를 돌봐주거나

소매치기 전성시대

소매치기를 풀어주고 있었다는 충격적인 소식이었다.

자신이 체포될 신세가 되자 김 형사는 도주했다.『경향신문』 3월 18일 기사에 따르면, 그가 간 곳이 바로 또 다른 소매치기 회사 사장인 문씨의 은신처였다. 아마 김 형사와 문씨의 관계도 깊었던 모양이다. 그렇게 해서 문씨는 소매치기 혐의가 아니라 범죄자인 김 형사를 숨겨주었다는 혐의로 붙잡혀 구속되었다.

다음 날『경향신문』에 실린 문씨의 발언에 따르면, 현재 범행을 부인하고 있는 김 형사가 입을 연다면 더 큰 사건으로 확대될 것이라고 했다. 그러면서 문씨는 경찰을 믿지 못하겠다는 투로 '문상익'이라는 검사를 만나게 해주면 그 검사에게는 다 고백하겠다고 덧붙였다. 공교롭게도 문씨의 성과 같은 성을 쓰는 검사다.

문씨의 속내를 다 알 수는 없었다. 하지만 무슨 상황을 암시하는지는 알 수 있다. 즉, 이 무렵 대형 소매치기 회사들이 부패 경찰과 한패로 아주 깊게 엮여 있었다는 뜻이다. 그 연결이 얼마나 끈끈했던지, 누아르 영화 속 한 장면처럼 궁지에 몰린 경찰이 범죄자를 찾아가 숨겨달라고 부탁할 정도였다는 것이다.

문씨의 암시에 의하면, 사실 김 형사 이외에도 부패한 경찰은 많으며 김 형사의 죄는 오히려 작은 축에 속하는데, 모든 사건을 자신에게 덮어씌우려는 움직임이 감지되자 김 형사는 도망쳤고, 세상에 아무도 믿을 사람이 없어서 결국 자신이 쫓던 범죄자인 문씨에게 의탁했다는 사연으로 보인다. 즉, 문씨를 비롯한 당시의 소매치기들은 경찰에 절대로 붙잡히지 않는 방법을 개발한 것이 아니라, 오히려 경찰까지 포섭해서 혹시나 붙잡혀도 처벌을 받지 않는 방법을 개발했던 셈이다.

1975년 6월에도 여전히 '꼬마'라는 별명을 쓰고 있는 소매치기 회사 사장의 검거 소식이 기사화되었다. 훔친 물건을 거래하는 장물아비가 구속되는 바람에 '꼬마'까지 함께 검거되었고, 이 인물이 수십 명의 경찰에게 뇌물을 주고 있었다는 전모가 밝혀졌다. 이때 소매치기 회사 사장의 이름은 예전과 다르지만, 성은 여전히 문씨이며 과거 행적이 문씨와 일치하는 것을 보면 1970년대에 체포된 이 사람도 그 예전의 문씨와 동일 인물일 가능성이 높다고 여겨진다.

그게 아니라면 문씨의 전설적인 별명을 대신 쓰고 있는 비슷한 나이대 범죄자일 것이다. 어느 쪽이건, 50대가 되어서도 '꼬마'라는 별명으로 불리며 한평생을 소매치기로 날려버린 사람이 있었다는 이야기다. 그리고 이 기사는 문씨의 삶에 대한 내용을 기록한 마지막 기록이다.

그런데 두 사람이 동일 인물이라면, 문씨는 딱 한 번 소매치기 범죄에서 손을 씻은 뒤 큰마음을 먹고 완전히 다른 일에 도전했던 적이 있다. 『동아일보』 1967년 8월 21일의

'휴지통'란을 보면, 문씨가 체포된 공범을 만나려 시도하다가 자신도 붙잡힌 일화가 소개되었다. 문씨는 그동안 모았던 재산으로 영화를 제작했지만 결국 돈을 날리기도 했다고 한탄했다. 그러니까 문씨가 손을 씻고 영화 사업에 전 재산을 쏟아부었지만, 흥행에 실패하자 다시 소매치기 일로 돌아왔다는 이야기다.

이 영화가 바로 유현목 감독의 〈순교자〉(1965년)다. 한국계 미국인 작가 김은국의 소설을 영상화한 것이다. 6·25전쟁을 배경으로 위선자와 배신자들의 이야기를 사변적이고 연극적인 분위기로 연출한 영화다. 도대체 문씨가 어떤 사람이었는지(이 영화의 제작자와 동일인이 맞다면), 어떤 생각으로 이 영화에 돈을 댔는지, 소매치기로 일생을 보낸 후 50대가 지나서는 어떻게 살았는지 알 길이 없다. 하지만, 영화 자체는 인터넷의 VOD 서비스로 지금도 쉽게 찾아볼 수 있다.

003

어린이를 죽인 괴물

두 아이가 실종되었다

깊은 산속에 사는 무서운 괴물이 사람을 잡아간다는 전설은 전 세계에 널리 퍼져 있다. 우는 아이를 달랠 때 "자꾸 울면 무서운 것이 내려와서 잡아간다"고 말하는 풍속도 여러 나라에 등장한다. 그렇지만 한국에서는 국토 구석구석이 빠르게 개발되면서 이런 전설이 사라져갔다. 이런저런 소문이 가장 널리 돌 만한 사람 많은 지역일수록 사방으로 뻗은 아스팔트 도로와 아파트 단지가 먼저 들어섰다. 괴물 이야기가 퍼지기에 적절해 보이는 장소조차도 잠깐 사이에 드물어졌다.

그러나 지금부터 60여 년 전인 1960년대 초로 거슬러 올라가면, 괴물 이야기의 힘이 아직 남아 있었다. 이상한 사건이 일어났는데 그것이 맹수의 공격이라는 소문이 퍼지면서 마을 사람들이 두려움에 휩싸였던 생생한 사례도 있다.

그중에서도 1962년과 1963년에 걸쳐 경기도에서 발생한 사건이 있다. 이를 처음 정리해서 알린 기사로는 『경향신문』 1963년 9월 20일 기사를 꼽을 수 있다. 이 기사에 따르면, 사건 발생 지역은 경기도 양주군의 한 농촌 마을인데, 지금은 행정구역이 바뀌어 남양주시의 외곽에 해당하는 곳이다.

1962년 10월 무렵이었다. 이 마을에 사는 30대 초반의 김씨가 일하러 나가고 비슷한 나이의 부인 우씨는 장을 보러 갔다. 며칠 동안 비가 쏟아지다가 모처럼 갠 날이었다고 한다. 그저 평화롭고 느긋한 가을 오후였을 것이다. 그런데 그날 부부의 둘째 딸인 4세의 아이가 실종되었다. 어두운 밤길을 걷다가 사라진 것도 아니고 우범지대에 들어섰다가 일을 당한 것도 아니다. 부모가 아이를 낯선 곳에 데려갔던 것도 아니다. 평화로운 마을에서 놀고 있던 어린아이가 대낮에 갑자기 사라진 것이다. 무언가가 하늘에서 내려와 아이를 끌고 다시 저 위로 올라가버린 것 같았다.

여기에서 끝나지 않았다. 반년이 조금 넘게 지나 두 번째 사건이 발생했다. 1963년 5월 30일, 이날은 거센 비가 한참 내리는 중이거나 혹은 큰비가 내리다 잠시 멈춘 직후

1962년 10월 무렵, 경기도 양주군의 한 농촌 마을에서 4세의 아이가 실종되었고, 반년이 조금 넘게 지나 6세의 아이가 갑자기 사라졌다. (『경향신문』 1963년 9월 20일)

였던 듯싶다. 마을 근처의 개천 둑이 무너질까봐, 마을 남자들이 모두 지키러 나갔다고 한다.

이 개천은 주변의 도로공사로 물길이 약간 바뀌기는 했지만 지금도 그대로 남아 있다. 이제는 개천 주위에 도로가 생기면서 일대가 모두 콘크리트로 마감되어 어지간한 호우에도 걱정할 필요가 없는 모양이다. 하지만 1963년 당시

어린이를 죽인 괴물

에는 비가 오면 마을 사람들이 직접 삽을 들고 둑을 지키면서 물이 마을을 휩쓸지 않도록 지켜야 했다.

그 때문에 마을에 남자들이 별로 없었다. 30대 초반의 이씨도 둑을 지키러 나간 참이어서 부인인 20대 후반의 최씨만 집에 있었다. 오후 2시경, 최씨가 잠깐 낮잠이 들었을 때 사건이 벌어졌다. 이번에도 희생자는 어린이였다. 부부의 6세 딸이 잠깐 사이에 갑자기 사라졌다. 첫 번째 사건 때와 마찬가지로 이번에도 어린이는 평화로운 마을에서 놀고 있다가 대낮에 흔적도 없이 실종되었다.

두 사건 사이에는 결정적인 차이점도 있었다. 첫 번째 사건에서는 실종자의 행방에 대해 아무것도 알아내지 못했다. 그렇지만 두 번째 사건에서는 실종된 어린이가 마지막으로 어떻게 되었는지가 결국 밝혀졌다. 안타깝게도 좋은 소식은 아니었다.

6월 14일 무렵 아침, 마을 어귀에 개들이 몰려 있었다. 떼 지어 있는 모양이 어쩐지 평소와 달라 보였던 것 같다. 실종된 어린이의 어머니 최씨는 그곳을 보고 극도의 충격을 받게 된다. 개들이 둘러싼 한가운데에 어린이의 시체가 있었다. 시체의 다른 부분을 찾을 수가 없었고 오직 머리 부분만이 남아 있었다고 한다. 머리는 살점이 거의 없어서 해골이라고 해야 할 정도였다.

호랑이가 어린이들을 습격했다

끔찍한 사건은 또 이어졌다. 2개월 정도가 지난 8월 25일, 이번에는 다른 이씨의 딸이 희생되었다. 이씨가 일터에 가느라 집을 비웠을 때, 4세의 딸은 이웃 할머니 집에 가겠노라고 했다. 그것이 이 어린이가 남긴 마지막 말이 되었다. 시각은 오후 1시경이었다. 역시 환한 대낮의 별일 없는 마을 한가운데에서 벌어진 일이었다. 어린이는 집을 나간 후 다시는 돌아오지 못했다. 이후 아이를 보았다는 소식은 없다. 닷새가 지난 9월 1일, 이 어린이도 시체로 발견되었다.

시체를 처음 발견한 것은 같은 마을의 7세의 어린이였다. 참혹하게도 역시 시체의 대부분은 어디론가 사라졌고 머리와 오른쪽 발목, 옷가지만이 남아 있었다. 시체가 발견된 곳은 부부가 경작하고 있는 콩밭이었다고 하는데 오른쪽 발목은 밭의 옆쪽 길에 놓여 있었고 그곳에서 50센티미터 정도 떨어진 콩밭에 머리와 옷이 있었다. 시체의 일부만이 발견되었다는 점에서는 두 번째 사건과 비슷하지만, 옷과 발목 부위도 발견되었다는 차이점이 있다. 또한 두 번째 사건과 달리 이번에는 머리 부위 형체가 그대로 남았고 얼굴에도 상처가 거의 없이 말끔했다고 한다.

세 번째 사건이 벌어진 후에야 세간의 관심이 쏠리기 시작했다. 두 번째 사건까지만 해도 어린이들의 실종을 연결하려는 시각 자체가 없었던 것 같다. 해당 지역을 관할하는 지서의 심 지서장은 이 사건을 보고했지만 특별히 경찰서 수사계에서 형사가 나온 일은 없었다고 이야기했다.『경향신문』은 이 지역을 관할하는 의정부경찰서를 취재했는데 경찰서장은 작년에 어떤 소동이 있었다는 정도만 떠올릴 뿐, 올해 벌어진 두 번째 사건과 세 번째 사건은 기억하지도 못했다고 한다. 그나마 세 번째 사건을 계기로 신문 기사가 나오자 경찰과 당국의 태도가 바뀌었다.

1962년 하반기에 악명 높은 조두형 어린이 유괴 사건이 전국적인 화제가 되면서 어린이 실종에 대한 관심이 크게 커진 상황이었다. 조두형 어린이 유괴 사건은 60여 년이 지난 지금까지도 결국 범인을 잡지 못했고, 사라진 어린이를 찾아내지도 못했다. 이런 상황에 또 어린이가 실종되었는데 경찰은 제대로 인지하지도 못하고 있다는 식의 비판이 언론을 통해 나온다면 관계 당국은 예민해질 수밖에 없었다.

마을 사람들은 그들대로 세 차례의 어린이 실종과 살해 사건 이후 겁에 질렸다. 맹수가 어린이들을 습격했을 거라는 소문이 돌기 시작했다. 실제로 시체를 보고 진단서를 발부한 김정상은 시체의 목 부분에 이빨로 물어뜯은 것 같은 자국이 있었다고 말했다. 그러니 단숨에 어린이를 포획할 수 있을 정도로 힘이 세고, 타인의 시선을 피해 신속히 움직이며, 온 몸을 먹어치울 수 있을 만큼 거대한 짐승이 마을 주변을 어슬렁거린다는 이야기가 생겨난 것이다. 그 때문에 마을 사람들은 한여름에도 문을 꼭꼭 닫고 지내느라 더위에 고생이 심했다고 한다. 둑 어귀에 누워서 느긋하게 낮잠을 자는 평화로운 풍경도 사라지게 되었다.

짐승의 정체에 대해서 마을 사람들 중 몇몇은 구체적인 생각을 갖고 있었다. 특히 마을을 드나드는 어느 나이 든 무당은 확신을 갖고 있는 듯, 그것의 정체를 다름 아닌 호랑이라고 주장했다.

한반도에 살던 호랑이와 그 분류가 통하는 시베리아 호랑이는 200킬로그램가량 가까이 나가는 경우가 보통이었으며 심지어 300킬로그램에 육박하는 경우도 있었다는 기록이 곳곳에 남아 있다. 게다가 시베리아 호랑이는 먹이를 찾아 하룻밤에 100킬로미터 정도를 이동할 수 있다고 알려져 있으므로, 힘세고 빠르고 공격적인 커다란 짐승이라는 조건에 들어맞는다.

한반도에는 호랑이가 사람을 공격했다는 이야기가 예부터 많이 전해진다. 서울과 경기도 인근으로 범위를 좁혀도 일화가 적지 않다. 지금의 서울 지하철 2호선 낙성대역 인근에서 태어났다는 강감찬의 유명한 일화로 『고려사』에 기록되어 있는 것이 바로 서울 일대에서 사람들을 괴롭히던 호랑이 떼를 몰아냈다는 전설이다. 『조선왕조실록』에는 정조 재위 중인 1797년(정조 21)에 서울 중심지인 성균관 뒷산에서 호랑이가 나타났다는 기록도 등장한다. 그 외에도 한국의 온갖 신화, 전설, 민담에서 가장 자주 나타나는 짐승이 호랑이인 만큼, 과거 한반도에서 호랑이는 흔한 짐승이었고, 호랑이에게 피해를 받은 사람들도 흔했다.

하지만 20세기에 이르자 상황이 변했다. 인구가 불어나고 산의 나무를 베어 땔감으로 쓰는 일이 늘어나며 호랑이가 살 수 있는 공간은 점점 줄어들었다. 게다가 과학기술이 발전하면서 새로운 무기로 호랑이를 잡는 사냥꾼들이 증가하자 사냥당하는 호랑이의 숫자도 빠르게 늘었다. 한편 일본 열도에는 원래 호랑이가 없었기 때문에 호랑이를 책에서나 나오는 신비한 동물로 여기는 일본인들도 꽤 있었다. 그렇다 보니 일제강점기 시절 일본인 사냥꾼들에게 한반도의 호랑이는 인기가 많은 사냥감이기도 했다.

이런저런 이유로 한반도에서 몇천 년 동안이나 사람들에게 두려움을 안기고 피해를 끼쳤던, 그렇게나 많던 호랑이가 삽시간에 사라져버렸다. 심지어 학자들조차 줄어드는 속도를 제대로 따라가지 못하고 놓칠 정도였다. 현재 남한 지역에는 야생 호랑이가 전혀 없다는 것이 정설이며, 그뿐만 아니라 동물원이나 연구 기관에서 기르는 호랑이들 중에도 한반도 지역에서 생포한 호랑이의 자손은 없다. 심지어 남한 지역에는 한반도 호랑이의 박제 표본조차도 극히 드물다. 『한겨레』 2015년 5월 30일 기사에는 특이한 사연 때

한반도의 신화, 전설, 민담에는 호랑이가 가장 자주 나타나는 짐승이었고, 일제 강점기에는 일본인 사냥꾼들이 한반도에서 호랑이를 사냥하기도 했다. 일본인 사냥꾼들이 포획한 호랑이를 둘러싸고 있다.

문에 목포 유달초등학교에 남아 있게 된, 1907년에 붙잡힌 호랑이의 표본이 단 하나 있을 뿐이라고 한다.

호랑이는 구경한 적도 없다

남한 지역에서 호랑이가 잡힌 것은 1921년 경주 대덕 산에서 잡힌 것이 거의 마지막 기록이다. 좀더 모호한 사례 를 포함한다고 해도 1950년대 이후에 남한에서 호랑이가

어린이를 죽인 괴물

확실히 발견되었다는 기록을 찾기란 어렵다. 심지어 표범이더라도 분명히 확인이 되는 것은 1962년에 합천에서 잡힌 표범이나 1963년 거창에서 잡힌 표범 정도를 마지막 기록으로 보고 있다.

그런데도 1960년대 당시 호랑이가 여전히 산속 어디엔가 살고 있다고 믿는 경우가 많았다. 워낙 오랜 시간 수많은 사람의 뇌리에 깊이 자리 잡은 동물이었기 때문에, 호랑이가 살아 있다는 믿음이 막연히 남아 있었던 것 같다. 1962년 어린이 실종 사건이 일어난 양주의 마을에서도, 근래에 언뜻 호랑이를 본 것 같다는 목격자가 한 사람 나타났다. 마을에서 좀 떨어진 위치의 산에서 맹수의 털이 발견된 적이 있었는데, 그것이 호랑이의 흔적 아니냐는 이야기도 돌았다.

전국으로 범위를 넓히면 호랑이 목격담은 더욱 늘어난다. 1964년 1월 대전에서는 61세 노인이 보문산에서 어린 호랑이를 만났는데 엉겁결에 돌을 던져 물리쳤다는 놀라운 이야기가 신문지상에 올랐고, 1964년 6월 21일에는 광주 지산동의 무등산 아래 농가 헛간에서 아기 호랑이 3마리가 발견되었다는 소식이 나오기도 했다. 아기 호랑이를 붙잡고 있으려니 22일 밤에 어미 호랑이가 나타나 으르렁거리는 통에 마을 사람들이 잠을 이루지 못했다는 이야기가 함께 소개되었다.

심지어 시간이 한참 지난 『동아일보』 1992년 5월 20일 기사에는 부산의 장산에 호랑이가 나타난 것 같다는 소문이 실렸고, 세기가 바뀐 2001년 6월 22일에도 대구MBC가 호랑이로 보이는 짐승이 어둠 속에서 언뜻 지나가는 영상을 청송에서 촬영했다며 그것이 진짜 호랑이냐 아니냐는 논란이 일었다.

그러나 이 중 믿을 만한 것은 결코 많지 않아 보인다. 광주 지산동 아기 호랑이 이야기는 그 소식이 『대한뉴스』 1964년 6월 27일 기사로 편성되어 지금도 필름이 남아 있는데, 영상을 지금 살펴보면 아기 호랑이라는 그 동물은 아무래도 살쾡이로 추정된다.• 마을에서 언뜻 호랑이를 본 것 같다는 단 1명뿐인 목격자도 아마 빠르게 움직이는 다른 짐승을 호랑이라고 착각했거나, 살쾡이나 커다란 고양이를 호랑이로 잘못 보았을 가능성은 충분하다. 어쩌면 그냥 호피 무늬 옷을 입고 엎드린 채 밭을 매고 있는 사람을 멀리서 본 것뿐인지도 모른다.

사건이 일어난 장소 역시 아무래도 호랑이가 출몰하기에는 어려워 보이는 지역이다. 이 마을은 깊은 산속이 아니라 물길 사이에 자리 잡은 농지 지역이다. 이 마을에 산 비슷한 것이라고 해봐야 별로 높지도 않은 언덕배기가 있을 뿐이다. 몇 킬로미터쯤 떨어진 곳에 산이 있기는 하지만 거

• 이 영상이 있다는 것을 소개해주신 이문영 작가에게 감사의 말씀을 드린다.

기까지 가려면 제법 큰 길을 통해 가거나 둑이나 물을 건너야 하는 경로가 많다. 설령 당시 남한 지역에 호랑이가 살았다고 하더라도, 호랑이가 그 근방 산까지 오는 것도 쉽지 않을 것이고, 어찌저찌 산에 머물렀다고 하더라도 마을에 출몰하기는 더욱 어려워 보인다.

『경향신문』 1963년 9월 20일 기사에 실린 사냥 전문가 이상오의 의견도 역시 호랑이가 나타날 수 있는 환경은 아니라는 쪽이었다. 마을에서 20년간 살았다는 74세의 이동빈 역시 "호랑이라고는 구경도 한 적이 없다"고 언급했다고 한다.

그렇다면 도대체 무슨 짐승이 어린이를 3명이나 붙잡아 간 것일까? 표범이나 늑대라면 1960년대 초, 산간 각지에 좀더 많은 숫자가 남아 있었을 가능성이 있다. 혹시 그런 짐승이 길을 잃고 잘못 흘러들다 보면 이 마을까지 도착할 수도 있지 않았을까? 그러나 그 역시 가능성은 낮아 보인다. 세 어린이가 마을 바깥까지 나갔다가 외딴곳에서 사라진 게 아니라, 대체로 마을 한가운데에서 대낮에 사라졌다.

환한 대낮에 사람들 사이에 모습을 드러내기를 꺼리는 짐승들이 마을 한가운데까지 왔을 것 같지 않고, 나타났다고 생각하기도 어렵고, 무엇보다 표범 같은 짐승이 어슬렁거리며 마을에 진입하는데 아무도 몰랐다고 보기도 어렵다. 더군다나 두 번째 사건과 세 번째 사건에서는 시체의 일부만이 며칠 후 마을에서 다시 발견되었다. 짐승이 둥지까지

어린이를 끌고 가서 먹었다면, 남은 일부를 굳이 마을에 돌려주었을 거라고 생각하기 힘들다.

그런데도 어린이가 3명이나 사라져버리고 나니 그에 대한 이유를 무엇이라도 찾고 싶었던 마을 사람들 사이에는 호랑이의 짓이라는 소문이 제법 그럴듯하게 들렸던 듯하다. 예부터 호랑이를 산에 사는 신령과 동일시하는 풍습은 한반도에 널리 퍼져 있었기에, 마을 사람들은 무당을 불러다가 소와 돼지를 제물로 바치며 산신령을 달래는 굿을 하게 되었다. 몇몇 주민은 마을 근처에 사격장이 생긴 것 때문에 신령에게 뭔가 악영향을 미친 것 아닌가 하는 대화를 나누기도 했다. 『경향신문』 기사에는 굿을 하는 사진도 실려 있는데, 기자가 "『경향신문』에서 호랑이를 잡아주겠습니다"고 말하자 무당은 "산신이 안 보내면 호랑이 못 잡지"라고 대답했다고 한다.

첫 보도 다음 날인 9월 21일에는 당국이 태도를 바꾸었다는 소식이 실렸다. 사람이 저지른 살인 사건일 수 있다는 가능성을 염두에 두고 철저하게 수사하라는 지시가 치안국에서 경기도 경찰국으로 하달되었다고 한다. 더불어 어린이 실종 사건이 일어났는데 제대로 수사를 하지 않은 책임이 일선 경찰관들에게 있지는 않은지 추궁해 책임자를 찾아내기 위해 경기도 경찰국에 감찰 주임을 파견했다는 소식도 실렸다.

솥에 있던 고기의 정체

『경향신문』은 짐승이 아닌 사람이 범인일 수도 있다는 기자의 추측을 싣기도 했다. 어떤 주술을 위해 어린이를 희생시켜야 한다고 믿거나 사람의 몸을 재료로 써야 하는 이상한 술수를 믿는 사람이 범인일 수도 있지 않겠냐는 이야기였다. 이 추측이 맞다면 범인은 아마 마을에 어느 정도 익숙한 사람일 것이고, 이러한 믿음을 가질 만한 이유도 갖고 있을 것이다. 어쩌면 이 사람이 자신이 어린이들을 납치·살해한 다음 "호랑이의 짓인 것 같다"는 소문을 슬그머니 흘려 퍼뜨린 장본인일지도 모른다. 그리고 세 번째 사건의 시체가 발견된 지 24일이 지난 9월 25일, 취재팀은 새로운 소식을 접했다.

마을 사람 50명가량이 도둑맞은 고구마를 찾기 위해 이 집 저 집을 뒤지다가 이씨라는 젊은 여성의 집에 들어갔다. 그 집을 샅샅이 살피던 중, 부엌의 솥에서 정체를 알 수 없는 악취가 풍기는 이상한 고기를 목격했다. 고기의 양은 3관貫(1관은 3.75킬로그램) 정도라고 하고 있으니 대략 10킬로그램을 좀 넘는 양이 아니었나 싶다.

이씨는 기침이 심한 '해소병'이 낫지 않아 오랫동안 고생하고 있었다고 한다. 마을 사람들이 솥에 있던 고기의 정체를 추궁하자, 이씨는 처음에는 동생의 남편이 붙잡아준

너구리 고기라고 했다. 그러자 마을 사람들은 주변을 조사해 최근에 너구리가 잡힌 적이 없다는 사실을 들이대며 다시 다그쳤고, 이씨는 너구리는 거짓말이고 9월 10일쯤 행상에게 오소리 고기를 샀다고 대답했다. 행상의 말에 따르면, 오소리 고기가 해소병에 특효약이라고 했다는 것이다. 그러면서 해명하기를, 너무 가난해서 마을 사람들에게 빚을 졌는데 오소리 고기를 사느라 돈을 썼다고 하면 욕을 먹을까봐 거짓말을 한 것이라고 했다.

이씨의 집은 마을에서 가장 가난한 가구였다. 4세의 딸, 남편, 시아버지와 넷이서 살고 있는데, 시아버지는 신경통으로 주로 자리에 누워 지내며, 남편은 날품팔이를 하러 다니다가 최근에는 어느 양조장에서 일하고 있었다. 결혼한 지는 5년 정도인데 이씨는 결혼 전부터 해소병을 앓고 있었고 이것저것 약을 써보거나 무당도 불러보았지만 별 차도가 없었다고 했다.

마을 사람들은 이씨를 경찰에 신고했고, 경찰은 그 집에서 발견된 고기를 국립과학수사연구소(현재 국립과학수사연구원)에 보냈다. 『경향신문』 9월 27일 기사에 연구소의 검사 진행 상황이 실렸는데, 고기를 높은 온도에서 너무 오랫동안 삶았으며 부패도 상당히 많이 진행되었기 때문에 무슨 고기인지 감정하기는 어렵다는 소식이었다. 고기에 붙어 있는 뼈를 가루로 만들어 실험하고 있지만, 그 당시의 기술로

어린이를 죽인 괴물

는 명확한 결과를 기대하기는 어려울 것 같다는 예상도 나와 있었다.

9월 28일에는 인근 산을 뒤져서 맹수가 살고 있었던 흔적을 확인하려는 조사가 이루어졌다는 기사가 나왔다. 근처에 호랑이나 표범이 거주하던 흔적이 있거나 맹수가 사람을 먹었던 흔적이 발견된다면 어린이가 짐승에게 공격당했다는 최초의 추측이 그만큼 더 믿을 만해졌을 것이다. 의정부경찰서는 경찰 27명, 사냥꾼 19명, 몰이꾼 40명과 미1군단의 병력 19명까지 지원받아 하루 종일 인근 산을 수색했나. 하지만 맹수의 흔적을 찾는 데 실패했다. 짐승이 살 법한 굴 두 군데를 찾기는 했다는데, 그 굴에서도 맹수의 결정적인 흔적을 발견하지 못했다.

그렇다고 해서 사람의 범죄라는 추측의 증거가 확실해진 것도 아니었다. 국립과학수사연구소의 연구 결과는 10월 초에 발표되었는데, 이씨의 집에서 나온 고기가 사람 시체가 맞다는 증거를 찾기는 어려웠다고 한다. 『동아일보』 10월 1일 기사에 따르면, 고기 실험이나 뼈의 겉모양 관찰로는 시체의 정체가 사람인지 짐승인지 판단이 어려웠지만, X선 사진을 살펴본 결과 짐승 고기인 것으로 밝혀졌다고 적혀 있다. 『경향신문』 10월 2일 기사에서는 국립과학수사연구소의 우상덕 소장을 인터뷰하며 '최선을 다했으나 시험불가했다'는 제목을 달았다. 우상덕 소장은 사람임을 확인할

1960년대 초에 벌어진 어린이 실종 사건에서 대낮에 어린이 3명을 공격한 괴물의 정체는 아직까지도 수수께끼로 남았다. (『경향신문』 1963년 9월 26일)

수 있는 흔적은 없었다면서도 동시에 고기가 삶은 상태였고 부패되어 "사람의 것이 아니다라는 단언을 할 수는 없다"고 말했다.

이후 이 사건에 대한 기사가 몇 건 더 나오기는 했지

어린이를 죽인 괴물

만 수사의 진척이 더는 보도되지 않았다. 이씨의 집에서 발견된 고기가 정말로 오소리 고기였다면, 마을 사람들이 처음에는 산신령이 노해서 호랑이가 입힌 피해라고 믿고 굿을 하다가 어느 때부터는 사람의 짓이라는 쪽으로 생각이 바뀌어 마을에서 가장 가난하고 병든 여성을 몰아붙였다는 이야기가 된다. 반대로 정말로 사람이 저지른 일이었다면 범인은 영영 붙잡히지 않았다는 뜻이다.

어느 쪽이든 1960년대 초 약 2년에 걸쳐 별로 특별할 것 없는 마을에서 어린이 3명을 희생시킨 괴물이 무엇이었는지 이제는 알기 어렵다. 무엇이 왜 그런 짓을 했는지, 어떻게 대낮 마을 한가운데에서 갑자기 어린이를 공격할 수 있었는지도 수수께끼로 남았다.

현재 마을이 있던 장소는 21세기 한국의 흔한 풍경 그대로 아파트들이 들어선 평범한 교외다. 그 근처에는 대형 마트가 들어섰고, 멀지 않은 곳에는 전자회사의 물류 창고도 보인다. 맹수가 나왔다는 소문이 돌았다기에는 실소가 나오는 풍경이다. 첫 번째 희생자인 어린이는 이후에도 흔적이 발견되었다는 소식이 없는데, 생존해 계시다면 환갑을 조금 넘은 나이가 된다. 그렇다면 어디에서건 지금까지 건강히 지내고 계시기를 기원한다.

004

남대문 금은방 권총 강도와 영어 학원

서울의 티파니

조선시대 때부터 남대문 인근에는 상가가 많았다. 서울 시내의 법령과 규제가 적용되는 경계가 서울 도성이고 그 출입구가 남대문이었으니, 서울 안팎을 드나드는 사람들에게 남대문은 물건을 부리거나 싣고 가기에 편한 지역이었다. 자연스럽게 운수업자들과 상인들이 모여들며 커다란 시장이 생겨났다.

광복 직후 1946년 무렵에는 남대문시장의 중심에서 살짝 떨어진 몇몇 상가가 뭉쳐 '자유시장'이라는 곳을 만들었다. 일본인들이 한국에서 빠져나가고 대신 미군들이 대거 유입되자 남대문시장 인근에서 유통되는 물건들도 바뀔 수밖에 없었다.

이를테면 일본에서 물건을 들여오기는 어려워졌지만, 제2차 세계대전 기간에 구경하기도 어려웠던 미국 제품을 구하기는 훨씬 쉬워졌다. 이런 상황에서 새롭게 기회를 찾은 시장 상인이 몇몇 있었고, 아마 그들의 활약 덕분에 미국 물건 혹은 미군 물건을 주로 거래하면서 성장한 곳이 자유시장인 듯 싶다. 지금도 자유시장에는 수입 물건을 전문으로 파는 곳이 있다.

그렇지만 자유시장 상인들이 자리 잡는 게 결코 쉬운 일은 아니었다. 1946년 4월에는 큰 화재가 발생해서 많은 가게가 파괴되었고, 1950년 6·25전쟁 발발 후로는 전쟁 때문에 시장 전체가 완전히 날아갔다고 해도 과언이 아닐 정도로 심한 피해를 입었다. 이후 상인들은 자리를 조금 옮겨서 사업을 처음부터 다시 시작했는데 이때가 1952년이다. 당시 새로운 자리에서 재건된 자유시장이 지금까지 유지되고 있는 것이다.

6·25전쟁이 끝나고 시장도 자리를 잡아 활기를 되찾은 1959년, 자유시장 입구 근처에는 유명한 귀금속 상가가 있었다. 나중에는 서울 시내의 '5대 금은방' 또는 '5대 보석상'으로 손꼽히던 가게였다. 지금 이 근처에서 문제의 가게 자리를 찾기는 쉽지 않다. 그 근처 교회의 세력이 커지면서, 교회가 입주한 거대한 빌딩이 들어서는 바람에 거리의 모습

이 크게 바뀌었다. 그렇지만 당시에는 눈에 잘 띄고 유명한 가게였다.

1960년에는 상당 기간 일간지 1면에 광고를 게재할 정도의 유명세였으며, 오가는 돈의 규모가 크다 보니 나중에는 몇몇 사람이 다이아몬드를 거래하면서 탈세를 시도했던 사건에 휘말려 대중의 입에 오르내리기도 했던 업체였다. '서울의 티파니'라고 하기에는 소박한 모습이었지만, 적어도 남대문시장 근처를 오가는 사람은 누구나 기억할 만한 곳이었다.

1959년 4월 20일 월요일 오후, 손님이 없어 한산한 시각이었던 듯하다. 가게에는 사장 박씨는 없었고, 사장의 부인 하씨, 하씨의 남동생, 점원인 염씨가 있었다. 셋 다 20대의 젊은이들이었다. 사건과 직접 관계있는 이야기는 아니지만, 박 사장의 나이는 44세였으니 부인과 나이 차이가 상당한 편이었다.

2시 4분경, 20대 후반의 남자가 보석상에 들어왔다. 엷은 회색 양복(혹은 검은 상의에 회색 바지)을 말쑥하게 입었고, 얼핏 보기에 차분하고 곱상한 인상이었던 듯하다. 『동아일보』 4월 21일 기사를 보면, 키가 5척 6촌가량이었다고 하니, 약 160센티미터를 조금 넘는 정도였다.

권총으로 위협하다

"한 냥 반짜리 금팔찌를 사려고 하는데요. 좀 볼 수 있
겠습니까?"

말투에서 특별한 사투리를 느낄 수는 없었다. 한 냥 반
이면 50~60그램이다. 지금 시세로 따지면 가격은 300만
원이 좀 넘는 정도다. 물론 생활수준이 훨씬 낮았던 당시 국
내 사정을 고려하면, 지금의 300만 원 가치보다 한참 더 귀
한 물건이다.

보석상 사람들은 진열장에서 금팔찌를 꺼내어 손님에
게 보여주었다. 나중의 기사에는 팔찌가 3개였다고도 하는
데, 첫 번째 보도에서 2개라고 언급한 걸 보면 아마 3개 정
도를 보여주려던 중 2개가 먼저 남자 손에 건네진 것 같다.
그런데 금팔찌를 살피는 듯하던 남자는 그것을 주머니 속에
그대로 넣고 허리춤에 손을 다시 가져갔다. 돈을 꺼낼 차례
인가 싶었을 텐데, 남자가 허리춤에서 꺼낸 것은 새카만 권
총이었다.

"꼼짝 마라! 떠들면 쏜다."

『동아일보』 기사에 따르면, 남자가 꺼낸 권총은 미제
45구경이라고 되어 있다. 정황을 보면 한국군이나 미국의 동
맹국 군대에서 널리 쓰이던 콜트 45구경 M1911A1 자동권
총이었을 듯하다. 이때 남자는 긴장했는지 살며시 떨었다고

20대 후반의 남자는 금팔찌를 주머니 속에 넣고 허리춤에서 권총을 꺼내 "떠들면 쏜다"며 직원들을 위협했다. (『동아일보』 1959년 4월 21일)

한다. 점원 염씨는 위험한 짓을 하지 말라며 이렇게 말했다.

"그러지 말고. 돈이 필요하면 내겠다."

남자는 대답하지 않았다. 마침 하씨의 남동생이 살짝

움직이자 남자는 다시 "움직이지 마라!"고 소리쳤다. 강도 행각 와중에 남자는 쪽지 하나를 건넸다. "물건은 꼭 갚겠다. 그러나 따라오면 죽이겠다"고 적혀 있었다고 한다.

『경향신문』 4월 21일 기사에 따르면, 남자는 이후 보석상 바깥으로 나와 유유히 현장에서 멀어졌다. 그는 자유시장 방향으로 걸어갔는데, 잠시 후 보석상 문을 열고 나온 염씨가 "도둑놈이다!" 하고 고함을 쳤다. 시장 상인들과 행인들이 모두 보석상 방향을 보았다. 사람들이 발걸음을 멈추고 모여들어 범인의 운신이 어렵게 되었다.

그러자 범인은 권총을 꺼내서 위협하려고 했다. 이 기사에서는 남자가 땅을 향해 권총 한 발을 쏘았다고 되어 있다. 그렇지만 다른 기사를 보면 남자가 권총을 빼어 위협을 하려다가 바닥에 떨어뜨렸고, 놓친 권총을 집어 들다 잘못해서 발사했다고 한다. 과연 남자가 직접적으로 사람을 해칠 의도가 있었을까? 의외로 이런 점은 재판에서 중요해지는 문제다. 일단 지나가던 유씨는 권총 소리에 놀라 넘어지는 바람에 찰과상을 입었다.

이곳은 큰길 하나를 건너 옛 한국은행 건물과 가까웠고, 그 바로 옆에 파출소가 있었다. 경찰이 뛰어나온다면 불과 몇십 초 안에 올 수 있는 거리였다. 빨리 도망치지 않으면 범인은 잡힐 가능성이 높았다. 범인은 자유시장을 돌파하기로 결심했고, 운 좋게 혼잡한 시장을 뚫고 지나가 건너편 건물 사이로 뛰어드는 데 성공했다.

이 건물은 당시 소림아파트라고 불렸다. 지금은 남대문시장 상가들이 입주한 고층 빌딩이다. 기록이 부족해 소림아파트가 어떤 곳이었는지 정확히 알 수 없다. 하지만 남대문시장 인근에 있는 지금의 롯데 영플라자가 과거에는 미도파백화점이었고 일제강점기에는 조지야丁子屋백화점으로 불렸는데, 조지야백화점의 창립자가 일본인 고바야시小林였다는 점을 떠올려본다. 고바야시를 한국식으로 읽으면 소림이 된다. 어쩌면 소림아파트는 고바야시 가문에서 건설한 아파트 혹은 고바야시 가문의 회사 직원들이 사는 곳으로 시작하지 않았을까?

그렇게 생각하면 소림아파트는 일제강점기 무렵 건설된 서울의 초창기 아파트로 추측해볼 수 있다. 당시 초창기 아파트들은 대체로 5~6층 높이 이하의 건물이었으며 지금처럼 대규모 거주 단지라기보다는 질 좋은 기숙사 같은 느낌으로 건설된 경우가 많았다. 건설 초기 당시의 모습과는 꽤 달라지기는 했지만 아직 사람들이 거주하고 있는 서울 충정로역 근처의 충정아파트가 바로 이 시기, 서울에 아파트라는 것이 처음 생겼던 시기의 건물이다.

그런 건물들은 철근 콘크리트가 아니라 나무로 지은 경우도 왕왕 있었다. 당시 소림아파트 역시 그런 목조건물이었을 가능성이 있다고 생각한다. 왜냐하면 보석상 강도 사건이 발생하기 불과 일주일 전인 4월 11일, 소림아파트 전체가 불에 타 무너졌다는 기사가 있기 때문이다. 누군가 촛불을 켜두었다가 실수로 큰 화재로 번졌던 것 같다는 추측이 함께 실려 있었다.

그러니 금팔찌를 훔친 범인이 들어선 소림아파트 단지 내부는, 불타버린 나무 뼈대가 덜렁거리며 남았을 뿐인 황량한 잿더미였을 것이다. 범인은 얼마 후 이곳에서 다시 빠져나갔다. 이런 기록이 기사에 실린 것을 보면, 소림아파트까지 범인을 쫓아갔거나 혹은 적어도 그 앞에서 범인을 목격한 누군가가 있었던 듯하다. 범인은 붙잡히지 않았고 그대로 도망쳤다. 아마 퇴계로 같은 큰길을 이용해 도주했으리라.

무허가 여관, 퇴폐업소, 탈영병을 수사하다

백주 대낮 서울 시내 한복판에 권총 강도가 나타났으니, 당연히 경찰에서는 큰 소동이 벌어졌다. 특히 사건 발생 장소가 파출소와는 길 하나를 건너는 정도였기에 경찰로서는 범인에게 농락당했다는 느낌이 들 만했다. 경찰은 즉시 보석상 맞은편 파출소에 수사본부를 꾸렸는데, 이곳으로 해괴한 전화가 걸려왔다. 발신자는 서울중부경찰서의 윤 수사

계장을 바꿔달라고 했다.

"저는 윤 계장님을 잘 아는 사람입니다. 제가 범인으로 지목되는 자를 알려드리겠습니다."

윤 계장은 과연 아는 사람인 듯 어디선가 들은 목소리 같기는 한데, 도무지 또렷하게 떠오르지 않았다고 한다. 혼란한 상황 속에서 경찰은 조금이라도 더 빨리 사건을 해결하기 위해 많은 인원을 동원해 수사의 속도를 냈다. 그럴 만한 특별한 이유도 있었다.

1958년 무렵부터 부쩍 증가한 범죄에 대한 서울 시민들의 불안이 심해지자, 경찰 당국은 인상적인 대책을 만들기 위해 고민했다. 범죄의 근원이나 핵심적인 문제점을 찾아내고 그것을 해결할 수 있도록 인력과 비용을 투자해 하나하나 처리해나가는 착실한 방법을 쓸 수도 있었을 것이다. 하지만 아무래도 그것은 언론에 "이렇게 하고 있노라"고 간단명료하게 설명하기 어렵고, 고위층에게 때맞춰 보고하기도 복잡하다.

그 때문에 서울의 경찰은 정부 당국이 자주 택하는 쉬운 방법을 쓰기로 했다. 어떻게든 일마다 책임자를 정하고 그 책임자가 해결하지 못하면 엄벌을 내린다는 입장을 취한 것이다. 결과적으로 '구역 책임제'라고 하여 강력 범죄가 발생하면 범죄를 맡은 구역의 담당 경찰관이 책임자가 되고 15일 안에 해결하지 못하면 책임을 묻겠다는 조치를 시행하기 시작했다.

이런 식으로 "엄하게 다스리겠다"는 대책을 내놓으면 외부 사람들이 이해하기 쉽고, 언론에서도 강한 의지라며 기사화하기에 좋고, 일이 잘못되었을 경우 "책임 경찰관이 무능해서 그렇다"고 몰아붙일 수 있으니 다른 사람들이 책임을 피하기도 용이하다. 게다가 누군가 책임을 지고 무너지면 다른 경쟁자들이 그 자리에 끼어들기에 좋다. 눈치 빠른 사람들끼리 자리다툼에 써먹기에도 매우 유리한 정책이었던 것이다.

그런 이유로, 보석상 강도 사건은 경찰로서는 무슨 수로든 15일 내에 해결해야 하는 사건이었다. 15일이라는 기한을 넘기면 담당 경찰관의 잘못이 되어 불이익을 당한다. 그러니 경찰은 가장 가능성이 높은 방향을 추측하고 그쪽으로 수사를 집중해 어떻게든 해결하려고 한 듯하다.

우선 경찰은 범인이 범행 때에 떨었다든가 쉬운 경로 대신 시장통과 아파트를 거치는 이상한 방향으로 달아났다는 점에 착안해서 전문 범죄자가 아닌 초범이며 근처 지리에 어둡기 때문에 경찰의 포위망을 뚫지 못한 채 서울 시내에 머무르고 있을 것으로 추측했다. 또한 권총을 흉기로 사용했으니 부대에서 몰래 총을 빼돌린 군인 출신일 가능성이 크다고 짐작했다. 다른 수많은 보석 대신 금팔찌 2개만 챙긴 것으로 보아, 범행 동기는 금전적 가치를 노렸다기보다

경찰은 범인이 시장통과 아파트를 거치는 이상한 방향으로 달아났다는 점에 착안해 초범이라고 생각했다. 일제강점기인 1937년에 준공된 국내 최고령 아파트인 충정아파트.

는 약혼 선물 등의 목적으로 사랑하는 사람에게 선물하기 위해서일 것이라고 추리했다.

　그 때문에 경찰은 서울 시내에서 관리가 허술한 무허가 여관을 뒤지고 다녔다. 환락가 쪽 가게들도 수사 대상이었는데, 그 덕분에 퇴폐업소를 출입하던 남자들이 대거 적발되는 일이 여럿 발생했다. 한편 탈영병이나 최근 좋지 않은 상황에서 제대한 인물 등 의심스러운 군부대 출신 남성들도 수사 대상에 포함되었다.

　어떻게든 금팔찌를 약혼 선물로 주고 싶은 애절한 사연에도 눈에 불을 켜다 보니, 인근의 젊은 여성들 역시 관심

　　　　　　　　남대문 금은방 권총 강도와 영어 학원

의 대상이었다. 『동아일보』 4월 22일 기사를 보면, 경찰은 근처 관공서와 기업체의 젊은 말단 직원, 신입 사원, 사환 등 중에 여성이 포함된 곳을 찾아가 최근 남자 문제로 소문난 사람이 있는지 묻고 다녔다고 한다. 『경향신문』 4월 23일 기사에 따르면, 음식점이나 바, 찻집 직원 등 서비스 업종 여성들을 대상으로 탐문했다고도 한다.

그러나 별 소득은 없었다. 심지어 출처 불명의 정보 때문에 경기도 부평이나 강원도 모처에 수사 인력을 파견하기도 했지만 모두 실패로 돌아갔다. 지푸라기라도 잡는 심성으로 "범인을 알고 있다"고 경찰에 이상한 전화를 걸어온 제보자의 말에 따라 수사를 진행하기도 했다. 하지만 역시 결과는 허망했다. 제보에서 지목한 최씨를 붙잡고 조사했지만 아무 관계가 없는 사람이었다. 제보자의 정체는 윤 계장이 과거 범죄자 무리 사이에서 정보원으로 쓰던 사람이었으며, 자기가 싫어하는 최씨를 괴롭히기 위해 괜히 경찰에 연락한 것에 불과했다.

영어 학원에 등록하기 위해 범행을 저질렀다

결국 15일 기한은 넘기게 되었다. 자연히 15일 기한의 구역 책임제에 대한 비판도 나오기 시작했다. 『동아일보』5월 17일 기사에는 중요한 사건 수사에서 구역 책임제가 오히려 "커다란 암인 듯 보인다"는 내용이 실렸다. 기한 내에 어떻게든 범인을 잡기 위해 무리한 수사를 진행하고, 다양한 가능성을 검토하면서 차분히 수사하는 것이 아니라 범인을 가장 빨리 잡을 수 있는 가능성 하나에만 몰두하게 만드는 제도라는 문제의식이 이미 확산되었던 것 같다.

특히 이 기사에서 중요하게 지적한 문제는 구역 책임제 때문에 수사 협조가 잘 이루어지지 않는다는 점이었다. 책임자들 간에 "그래도 우리 구역이 저쪽 구역보다는 낫다"고 주장하기 위해 서로 다른 구역의 수사가 내 구역 수사보다 지체되기를 바라게 된다는 이야기였다. 결과적으로 가능한 한 다른 구역 수사팀을 최대한 돕지 않으려는 상황을 초래하기도 했다.

이 기사 내용을 보면, 괜히 다른 구역의 수사에 협조하며 발을 들여놓았다가 그 사건이 '내 관할 사건', '내 책임 사건'처럼 처리되어 실패했을 때 나까지 벌을 받게 되니 일부러 그런 위험을 감수할 까닭이 없다는 분위기도 암시되었다. 결국 이 기사에서는 치안국장이 "구역 책임제는 어디까지나 수사에 자극을 주기 위한 '강심제'적 효과를 노린 것"일 뿐이라면서 지속적으로 실시한다면 부작용으로 역효과를 가져올 수밖에 없음을 잘 안다고 밝히기도 했다.

남대문 금은방 권총 강도 사건의 범인은 결국 사건

177일 만인 10월 14일에서야 체포되었다. 그는 24세의 최씨였는데, 귀중품 절도 사건의 기본대로 훔친 물건을 다른 사람에게 팔아 현금화하려 시도하다 발각되었다. 동두천에서 팔찌 하나를 팔아보려 했지만, 금은방 상인이 수상하게 여겨 신고한 것이 단서가 되었다.

최초의 예상과 달리 최씨는 서울이 아니라 충남 당진에서 검거되었다. 제대 군인 출신일 것이라는 추리도 맞지 않았다. 최씨는 미군 부대 내 식당에서 일하다가 우연히 권총을 습득했다고 했다. 약혼이나 연애 등이 동기일 것이라는 추리도 틀렸다. 최씨가 밝힌 범행 동기는, 취직에 도움될 수 있도록 영어 학원에 다닐 돈을 구하려는 목적이었다.

그가 체포되어 남대문 금은방에서 현장 검증을 할 때 너무 많은 사람이 와글거리며 모여드는 바람에, 그 와중에 또 날치기들이 다른 범행을 저질렀다는 코미디 영화 같은 일이 벌어지기도 했다.

한편으로 몇 가지 의문은 여전히 풀리지 않았다. 범인의 도주 경로가 왜 그렇게 이상했는지, 범인은 왜 금을 녹여서 팔지 않고 가게 상표만 대충 지운 금팔찌를 통째로 팔려고 했는지, 애초에 왜 대담하게 파출소 근처에 있는 금은방을 표적으로 삼았는지 등에 대해서는 알려진 바가 없다.

돌이켜보면, 몇십 년밖에 되지 않은 대한민국 시대의 사건이지만, 이 무렵의 경험을 잘 보관하려는 노력이 부족

충남 당진에서 177일 만에 검거된 최씨는 쥐식을 위해 영어 학원에 등록하기 위해서 범행을 저질렀다고 말했다. (『동아일보』 1959년 10월 16일)

하다는 점이 눈에 띈다. 이를테면, 문제시되었던 강력 범죄 '구역 책임제'가 어떤 식으로 실시되었고 이후 어떤 비판을 받았으며, 어떤 변화를 겪었는지에 대해 정리된 문건을 찾기란 쉽지 않았다. 한때 많은 사람이 살던 터전이었던 소림 아파트나 자유시장에 대해서도 그 형성이나 변화에 대해 조사하고 기록한 자료는 드물다. 서울 시내 '5대 금은방'이었던 사건 현장도 지금은 사라졌다. 그 가게가 어떤 사연으로 어떻게 몰락했는지, 혹은 다른 사업으로 분야를 바꾼 것인지에 대한 자료도 남아 있지 않다.

현재 사건 현장 근처에 가보면 바로 몇 걸음 옆에 그 시절의 흔적인지 여전히 몇몇 작은 금은방이 영업하는 모습을 볼 수 있다. 『주간조선』 2015년 3월 21일, 고정일 작가의 글을 보면 일제강점기 종로의 명물 화신상회의 창립자였던 갑부 신태화가 19세기 말 가난하던 시절 금은방 머슴을 살면서 금은 세공법을 익힌 뒤 남대문시장 근처에서 자기 가게를 작게 시작한 이래로 이곳에 귀금속 상가가 자리 잡게 된 것 같다고 한다. 이제는 그런저런 사연이 얼마나 맞는 이야기인지 확인해줄 사람도 누가 있을까 싶다.

005

경찰서에서 사기를 치다

50만 환 사취 사건

한국 옛이야기 속에서 가장 유명한 사기꾼을 꼽는다면, 대부분 봉이 김선달을 떠올릴 것이다. '대동강 물을 팔아먹었다'는 말은 허상에 가까운 물건을 이용해서 돈을 갈취하는 수법을 의미하는 관용어구로 한국어에 자리 잡은 느낌이고, 닭을 봉이라고 속이는 교묘한 속임수로 김선달이 다른 사기꾼을 골탕 먹인 일화도 널리 알려져 있다. 나 역시 어린 시절부터 봉이 김선달 이야기를 재미있어 했기 때문에 수집된 관련 전설이나 풍문을 이것저것 읽는 데 열중했다.

옛 전설을 조사하는 과정에서 흥미로웠던 점은 봉이 김선달이 악당을 물리치거나 탐관오리에 대항하는 의로운 인물로 묘사되는 경우가 자주 보인다는 부분이었다. 말하자면 일종의 의적에 가까운 역할을 하는 셈인데, 의로운 사기꾼 전설이 이렇게 널리 퍼져 있는 나라는 흔하지 않다는 생각이 들었다.

뛰어난 의적이 악인을 괴롭히고 가난한 사람을 도와준다는 이야기는 로빈 후드Robin Hood(영국)라든가 이시카와 고에몬石川伍右衛門(일본) 등 여러 나라에서 예를 찾을 수 있다. 의적이 무예에도 뛰어나기 때문에 놀라운 완력을 자랑한다든가 칼과 활 등을 잘 다룬다는 이야기도 흔한 편이다. 그렇지만 한국의 봉이 김선달처럼, 사기 치는 재주가 장기인 의로운 인물의 사례는 해외 전설에서도 쉽게 찾을 수 없다. 봉이 김선달처럼 일반 대중 사이에 널리 알려져 있는 경우는 더욱 드물다.

그렇게 생각하면 사기 범죄에 대한 최근의 보도도 좀 다른 눈으로 보게 된다. 『머니투데이』 2019년 1월 3일 「한국은 어쩌다 사기 범죄 1위 국가가 됐나」라는 기사를 보면, 2013년에 세계보건기구WHO가 발표한 '범죄 유형별 국가 순위'에서 한국은 OECD 37개 회원국 중 사기 범죄율 1위를 기록했다고 한다. 대체로 비슷한 사회구조를 가진 외국과 비교했을 때 한국은 범죄가 많지 않은 편이라는 통념이 널리 퍼져 있다. 그런데도 사기 범죄에 대해서만큼은 다른 나라에 비해 상위권을 차지한다는 정도도 아니고 단독 1위인 것이다.

전 세계 여러 나라에서 가장 흔한 범죄는 절도다. 한국 역시 2014년까지만 해도 범죄의 종류 중 절도의 비중이 가장 높았다고 한다. 그렇지만 사기 범죄가 꾸준히 증가하면서 2015년부터 한국에서는 사기의 비중이 커지기 시작했다. 이 기사에 다르면, 2015년 사기 발생 건수는 25만 7,620건으로, 절도 발생 건수 24만 6,424건을 앞지르기 시작했다고 한다. 이후 사기 사건과 절도 사건의 발생 건수의 차이는 점점 더 벌어졌다. 2018년 출간된 김웅의 『검사 내전』에서도 사기를 한국의 대표적인 범죄 유형으로 꼽았다. 김웅은 아예 "사기 공화국"이라는 표현까지 썼다.

그 때문에 나는 대한민국의 옛 기록 속 사기 범죄에도 자연히 관심을 갖게 되었다. 평범한 피라미드형 다단계 판매 조직을 이용하는 수법을 통해 큰 성공을 거두어 기록적인 이익을 챙긴 경우도 있었고, 초능력이나 사이비 종교의 계시 따위를 이용하는 허무맹랑한 수법으로 돈을 챙긴 경우도 있었다.

그 많은 사기범의 수법 중에서도 김씨의 소위 '50만 환 사취詐取 사건'은 가장 놀랍고 대담한 수법이라고 할 수 있다. 액수 자체는 다른 대형 사기 사건에 비해서 그다지 크지 않다. 1955년 월간지 『청춘』 10월호에 소개된 예술인들의 월 수입 기사에 따르면, 추리 소설가이자 대중 작가로 이름을 날리던 김래성의 월 수입을 7만 환 정도라고 소개하고 있다. 대부분 작가가 가난하다는 점과 물가 상승률을 고려했을 때 1962년 사건 발생 당시의 50만 환은 아마 몇 달치 정도의 월급 액수가 아닐까 싶다. 그렇지만 액수와 관계없이, 이 사건에서 조금의 주저함도 없이 태연히 거짓말을 하면서 사람들을 속인 범인의 사기 재주는 더없이 돋보였다고 생각한다.

남대문경찰서의 김 형사

사건은 1962년 4월 9일 평화로운 봄날 서울에서 발생했다. 사무실이 가득한 빌딩가, 점심시간이 지난 오후 1시경의 일이었다. 중구 을지로2가에는 '중앙캐비넷'이라는 회사가 있었다. 이름으로 보아서는 아마 사무실이나 공장의 업무용 가구나 보관함 등을 판매 또는 제작하는 업체가 아니었나 싶다. 이 회사의 22세의 직원은 업무 때문에 50만 환짜리 수표 한 장을 현금으로 바꾸기 위해 은행으로 향했다.

직원은 제일은행 남대문지점을 찾았다. 특별히 복잡하거나 어려운 일이 아니었다. 묶여 있는 현금 뭉치는 아마 가방 같은 곳에 넣었을 것이다. 그는 당시 전철과 같은 역할을 하던 전차를 탔고, 을지로3가 정류장에서 내렸다. 지금의

남자는 자신을 남대문경찰
서의 김 형사라고 소개한 후
직원에게 심각한 범죄에 연
루되어 있다는 느낌을 주
는 말을 던졌다. (『동아일보』
1962년 4월 12일)

지하철 2호선 을지로3가역과 같은 위치였을 것이다. 여기
까지는 지루할 정도로 아무런 특이할 것이 없는 평범한 오
후, 직장인의 허드렛일이다.

　갑자기 직원의 등 뒤에서 한 남자가 나타났다. 겉모습
에 대한 별다른 묘사는 없는 것으로 보아 그냥 평범한 옷차
림에 평범한 인상이었던 것 같다. 『경향신문』 4월 11일 기

사를 보면, 1960년대 기준으로는 믿음직한 미남에 가까웠던 듯하다. 그 남자는 직원에게 이런 식으로 말을 걸었다.

"저는 남대문경찰서의 김 형사라고 합니다. 아가씨가 방금 교환하신 수표에 문제가 있다는 정보가 들어왔습니다. 이 내용을 확인해야 할 것 같으니 경찰서까지 잠깐 같이 가 주시겠습니까?"

일부러 겁을 주려고 애써 무서운 표정을 짓지는 않았던 것 같다. 그렇지만 직원이 정신적으로 큰 충격을 받았다는 기록을 보면, 이때부터 냉정한 느낌으로 위압감을 주려고 했을 것이다.

김 형사는 직원을 데리고 지나가던 택시를 잡아탔다. 이 기사에 정확한 사정은 나와 있지 않지만, 아마도 택시를 타고 가면서 직원이 심각한 범죄에 연루되어 있다는 느낌을 주는 말을 던졌을 것이다. 일부러 호들갑을 떨지는 않았겠지만, 그 대신 무심하게 사무적으로 직원의 정신을 혼란스럽게 만들 만한 말을 했을 것이다. 이를테면, "혹시, 수표 번호를 지금 기억하고 계십니까? 부도수표를 교환하시는 분이 번호를 전혀 기억 못하신다면 사기 범죄의 공범으로 처리될 수도 있는데요. 한 글자도 기억 안 나세요?" 같은 발언 말이다.

직원은 혹시 내가 무슨 실수를 저질렀나, 이러다가 내가 책임을 뒤집어쓰고 엄청난 돈을 물어내야 되거나 혹은 교도소에 가는 건 아닌가 싶어 정신이 아득해졌을 것이다. 마침 그해 2~3월에 부정수표 사건이 여러 차례 일어났다. '이번에는 내가 걸려들었구나' 하는 생각이 들었을 수 있다.

서울역 안내소 앞에 이르렀을 때 김 형사와 직원은 택시에서 내렸다. 남대문경찰서 바로 맞은편이었다. 김 형사는 중앙캐비넷에 전화를 걸어 사장을 찾았다. 대략 다음과 같은 내용으로 통화를 했던 것 같다.

"전화 받으시는 분이 아무개 씨 맞으시지요? 중앙캐비넷 회사 사장 맞으시고요. 오늘 오후에 은행에서 수표 한 장을 현금으로 교환하려고 하셨지요? 그런데 수표가 부도가 난 것으로 조회가 되거든요. 이게 그냥 단순 부도로 처리될 수 있는 사안이 아니라 부정수표나 금융 거래법상 사기죄로 연결될 수 있는 사례로 잡혀요. 지금 남대문경찰서로 오셔서 조사 좀 받으시고 해명해주셔야 할 것 같아요."

이후 김 형사는 길을 건너 남대문경찰서로 향했다. 남대문경찰서는 1970년에 새 건물을 지었으므로 1962년 당시에는 지금과는 아주 다른 모습이었겠지만, 위치는 지금과 거의 같다. 김 형사는 직원을 데리고 경찰서 건물 5층의 정보계 형사실로 갔다.

"조사를 시작하겠습니다. 어쩔 수 없는 경찰 절차니까 양해해주시기 바랍니다."

김 형사는 직원의 한쪽 손과 의자를 수갑으로 채웠다.

직원은 아마 태어나서 처음 경찰서에 와보았을 것이고 더군다나 수갑을 차고 묶이는 일은 상상도 해본 적 없었을 것이다. 당연히 더럭 겁이 나고 절망한 마음에 빠졌을 것이다.

"이것은 제가 좀 보겠습니다."

김 형사는 조사 과정에서 돈을 확인해야 한다면서 50만 환의 돈뭉치를 집어 들었다. 그리고 옆방으로 건너갔다. 『동아일보』 4월 10일 기사에서는 직원이 은행에서 돈을 바꾼 시점이 오후 1시였고, 같은 날 『경향신문』 기사에서는 범인이 직원에게 말을 건 시각은 1시 30분이며, 『동아일보』 4월 12일 기사에서는 범행을 저지른 시각을 2시라고 했던 것을 보면, 범행 자체에 소요된 시간은 30분 정도 아니었나 싶다.

형사가 아니라 사기꾼

수갑을 찬 채 의자에 묶여 있던 직원은 김 형사가 돌아오기를 계속 기다렸다. 별별 생각이 다 들었을 것이다. 무엇이든 최대한 사실 그대로 말하고 의심스러운 점도 전부 말하자, 그리고 자신은 그 이상은 아무것도 모르고, 어떤 돈도 빼돌릴 의도가 없었다고 하자. 그러면 풀려날 수 있을까? 아무래도 당장은 어렵겠지? 오늘, 내일까지 경찰서에 붙들려 있어야 할까? 구속되어 며칠, 몇십 일 동안 재판이 끝날 때까지 계속 교도소에 있어야 할까?

김 형사는 오랫동안 나타나지 않았다. 아무래도 너무 긴 시간 꼼짝달싹 못하고 혼자만 붙잡혀 있는 것이 이상해서, 직원은 마침 근처를 지나가는 다른 형사에게 "김 형사님은 어디에 계세요?"라고 물었다. 다른 형사는 의아해하며 이곳에는 왜 왔으며 지금 무엇을 하고 있는지 차분히 묻기 시작했다. 서로가 서로의 상황을 이해하기가 어려웠을 테니 말이 잘 통하지 않는 대화가 한참 이어졌을 것이다.

그러던 끝에 놀라운 사실이 밝혀졌다. 남대문경찰서에 김 형사라는 사람은 애초부터 없었다. 즉, 자신을 김 형사라고 소개했던 사람은 사기당한 돈을 추적하던 형사가 아니라 반대로 돈을 빼돌리려던 사기꾼이었다. 사기꾼이 형사인 척하고 직원을 속여서 돈 50만 환을 손에 넣은 뒤 그대로 도망친 사건이었다.

범인의 수법에는 군데군데마다 치밀한 곳이 엿보인다. 우선 돈의 성격에 대해 정확히 알지 못하면서도 제법 많은 액수의 돈을 소지한 희생자가 있어야 했다. 범인은 이런 희생자를 찾기 위해 은행 옆에서 오랫동안 끈질기게 기다렸을 것이다. 여기서 희생자로 점찍은 22세의 사무직 직원을 보고, 범인은 피해자가 이런저런 알 수 없는 돈 심부름을 하는 사람이면서도 자신에게 쉽게 위압당할 만한 인물이라고 짐작했을 것이다.

경찰서에서 사기를 치다

범인은 그럴듯하게 피해자를 속여 넘기기 위해 과거에 자신이 관찰한 진짜 형사들의 행동이나 말투를 자연스럽게 흉내냈을 것이다. 대범하게도 피해자의 사장에게 직접 전화를 걸어 사장도 나오라고 하여 정말로 조사를 진행하는 듯한 느낌을 전달했다. 이런 행동 때문에 피해자는 더욱 그를 믿을 수밖에 없었을 것이다.

결정적으로 범인은 사기 범죄의 피의자이면서도 대범하게 조금도 위축되지 않고 당당하게 경찰서를 향해 제 발로 걸어 들어갔다. 경찰서를 자신이 사기를 칠 무대로 활용한 것이다. 범인은 다른 형사들의 눈에 쉽게 띄지 않을 만한 곳을 골라 5층의 정보계 형사실에 자리를 잡았던 것 같다. 수갑을 채울 때 어색한 모습이 없었다는 기록을 보면, 수갑 사용법이나 남대문경찰서의 구조도 미리 충분히 조사해두었던 듯싶다. 『경향신문』 4월 13일 기사를 보면, 그가 과거에 공산당 간첩 활동 정보를 주겠다고 정보계 형사의 환심을 샀다는 이야기가 있다. 그렇다면 범행 전에 진짜 경찰들에게 솔깃한 제보를 주겠노라고 속여 경찰서를 드나들면서 범행 장소의 내부 구조를 살펴보았던 듯하다.

범죄의 정반대에 해당하는 단어로 떠오를 만한 것이 경찰이다. 범인은 경찰서야말로 범죄자와 가장 상극인 장소라는 고정관념을 완전히 역으로 이용했다. 그뿐만 아니라 주변에 경찰들이 오가면서 사기 범죄의 순간을 뻔히 목격하는 가운데 사기를 치는 데 성공했다. 너무 눈에 잘 띄는 곳에 있기 때문에 오히려 보이지 않는다는, 추리소설의 오래된 수법을 현실에서 가장 극적으로 보여준 범죄라는 생각도 든다. 경찰이 가득한 경찰서 한가운데에서 사기를 치는 순간 범인은 짜릿한 쾌감을 느꼈을지도 모른다.

"서울지방경찰청입니다"

경찰은 이 사건을 특수강도로 취급해 적극적으로 수사에 착수했다. 자존심이 상한 경찰이 전력을 다해 움직이자 검거에는 오랜 시간이 걸리지 않았다. 사건이 발생한 지 사흘이 지난 4월 12일, 경찰은 강원도 양구까지 도주한 범인 김씨를 체포하는 데 성공했다. 사기 수법이 너무나 매끄러운 것을 보고 사기 범죄 전력이 있고 경찰 사칭도 여러 번 저질렀던 인물일 것이라는 추정하에 악명 높은 인물 몇몇이 물망에 올랐지만 그 추정이 그대로 맞아들어갔던 듯하다.

『경향신문』 4월 13일 기사에 따르면, 범인은 과거 경찰서에 몸담은 적이 있었다고 한다. 부산에서 순경으로 근무하던 당시 서울에 출장 왔을 때 경위인 척 행세해 다른 순경들에게 기차표 심부름을 시킨 일이 있었다고 한다. 그 속임수로 물의를 일으켰기 때문인지, 그는 얼마 되지 않아 경

남자는 보험회사 직원, 체신청 직원, 치안국 직원, 정보원 등의 직업을 사용했고, 급기야 자신이 변호사나 검사가 될 것이라고 거짓말을 하기도 했다. (『경향신문』 1962년 4월 13일)

찰 생활을 그만두었다고 한다.

하지만 그 후에도 경찰 제복을 집에 보관한 채 가끔 경찰로 위장해 사기 범죄를 저질렀고, 근무 일지나 수사 수첩 등을 곧잘 작성했다. 수사 수첩에 범인이 써넣은 맨 마지막 내용은 바로 50만 환 사기 사건에 관한 기록이었다고 한다.

그의 범행은 경찰 사칭에 머무르지 않았다. 그는 총 4개의 이름을 사용했고, 각 이름별로 명함을 비롯한 자료를 구비했다. 이름마다 직업을 달라졌다. 어떤 때에는 보험회사 직원으로 행세하거나, 또 다른 때에는 지금의 우정청에 해당하는 체신청 직원으로 가장하기도 했다. 다른 치안국 직원의 이름이나 경찰이 정보원과 동일한 이름을 사용하는 바람에 혼란을 일으키기도 했다. 나중에는 마침 사법고시 합격자 명단 중 자신의 이름과 똑같은 이름이 등장하자, 자신이 곧 변호사나 검사가 될 사람인 척 꾸미고 다니기도 했다.

『경향신문』 기사에서는 범인이 여성에게 접근하는 데도 능했다는 이야기를 소개했다. 친해지고 싶은 사람을 발견하면 슬쩍 다가가 일부러 자기 발을 밟힌 뒤, 미안해하는 상대방의 심리를 이용해서 말을 붙이고 친해지는 수법을 사용했다고 한다. 그야말로 1960년대 수법 같지만, 이 방법을 통해 경찰 출신의 사법고시 합격자라고 자신의 정체를 속인 뒤 대학생 김씨와 약혼에 이르렀다고 한다. 이 기사에서는 그가 그런 식으로 '허영과 환락'을 위해 끝없이 사기 범행을 저지른 인물이라고 설명하고 있다.

이후 그의 행적을 추적하기란 어렵다. 그의 행적이 아닌가 싶은 기록을 남긴 이름이 보이기는 하지만, 그것이 가명 중 하나인지 아니면 동명이인인지 판단하기는 힘들다.

'사기 공화국'이 되어버린 현재의 대한민국에서 그의 범죄를 돌아보면, 요즘 유행하는 "서울지방검찰청입니다"고 말문을 떼는 피싱 전화 수법과 아주 비슷해 보인다. 개인

정보 유출로 확보한 데이터베이스나 명의 도용 휴대전화도 없던 시절이지만, 그는 비슷한 수법을 60년 앞서 개발해서 사용했다는 느낌이 든다. 그렇게 보면 이런 범죄 행각에 대비할 시간이 60년이나 있었지만, 아직도 사람들끼리 믿고 지내기 어려운 세상에서 권력자나 공공기관의 권위가 사회를 너무 쉽게 짓누르는 세태를 바꾸지 못했다는 점이 더 아쉽게 느껴진다.

006

도둑맞은 금관을 찾아라

국보 제138호 금관의 비밀

국보 제138호는 많은 수수께끼를 품고 있는 유물이다. 먼저 외양부터 살펴보자. 한국인들에게 친숙한 신라 금관 모양과 어느 정도 통한다. 왕관의 테 모양이 잡혀 있고 전후좌우에 가지가 돋아 있는 듯 장식이 높다랗게 붙은 형태가 신라 금관과 닮았다. 그렇지만 대표적인 신라 금관인 국보 제87호 금관총 금관이나 국보 제191호 황남대총 금관과 함께 놓고 보면 국보 제138호의 차이점이 선명하게 드러난다.

우선 국보 제138호 금관은 크기가 한결 작다. 가지가 돋아난 듯한 장식도 조그마한 크기다. 국보 제87호 금관총 금관을 실제로 착용한다면 머리 위로 높게 솟아오른 모양일 것이다. 그에 비하면 국보 제138호 금관은 동화책 삽화에 자주 등장하는 유럽의 왕이나 왕자들이 쓰던 전형적인 왕관 모양과 비슷해 보인다. 신라 금관은 쓰고 다니기에는 워낙 불편해 보이는 형태라서 일부 학자들은 머리에 쓰기보다 얼굴을 덮는 용도였을 것이라고 추측하기도 한다. 그런데 국보 제138호 금관 정도라면 머리에 쓰기에도 무리 없이 어울릴 것 같다.

좀더 자세히 살펴보자. 전형적인 신라 금관에는 직선 형상을 실린 가지 모양 장식이 붙어 있기 마련이다. 한자 '출出' 자를 닮은 그 모양은 양식화되어 있으며 기하학적인 도안처럼 보인다. 그런데 국보 제138호 금관의 장식은 그런 직선 모양이 아니라 곡선이다. 또한 기하학 도안의 느낌이라기보다는 꽃잎이나 나뭇잎 같아 독특하며 이채롭다. 어떻게 보면 프랑스 부르봉 왕가의 백합 문장紋章과 닮아 보인다는 생각마저 떠오를 정도다. 더 작고 가볍게 쓸 수 있을 만한 왕관이면서도 더 우아하고 현란하다.

이 금관이 어디에서 발견되었는지를 알아본다면 좀더 자세한 추측이 가능할지도 모른다. 문화재청 온라인 사이트에서 국보 제138호를 조회해보면, 이 금관의 이름은 '전 고령 금관'으로 적혀 있다. 그러니까 경상북도 고령에서 발견되었다고 전해지는 금관이라는 뜻이다.

고령은 경상남도와 접한 경상북도의 남쪽 끝에 해당한다. 예부터 대가야의 중심지로 알려진 지역이다. 대가야는 '가야'라는 이름이 붙은 고대 한반도 남부의 세력 중에서도 김해의 금관가야金官伽倻와 함께 그나마 자료가 많은 편인 지역이다. 조선시대 기록인 『신증동국여지승람』에는 대가야 건국에 관한 신화도 짤막하게 실려 있다. 이 전설에 따르

국보 제138호 금관은 유럽의 왕이나 왕자들이 쓰던 왕관과 비슷하고, 그 장식도 기하학 도안의 느낌이라기보다는 꽃잎이나 나뭇잎 같다.

도둑맞은 금관을 찾아라

면, 가야산의 산신인 정견모주正見母主가 하늘의 신인 이비가
지夷毗訶之를 남편으로 삼아 자식을 낳았는데, 그 첫째 아들
뇌질주일惱窒朱日이 대가야의 임금이 되었고 둘째 아들 뇌질
청예惱窒靑裔가 금관가야의 임금이 되었다고 한다. 대가야 임
금이 금관가야 임금의 형이라고 말하는 전설이니, 가야산
일대에 살던 옛 고령 사람들이 대가야를 높이고자 했던 의
도가 있는 게 아닐까 하는 생각도 든다.

이렇게 놓고 보면 국보 제138호의 이상한 특징에 대
해서도 설명을 덧붙여볼 수도 있을 것이다. 즉, 신라와 가까
운 곳에서 성장한 대가야에서 만든 물건인 만큼 신라 금관
과 닮은 점이 발견되는 것은 당연하지만, 동시에 신라와는
다른 가야 계통의 특징이 남아 있어서 또 다른 아름다움을
보여준다고 정리할 수 있다.

사실 신라 금관만 해도 이웃 나라와 구분되는 개성이
있는 유물이다. 그 때문에 신라 금관이 북쪽 지역을 통해 한
반도에서 멀리 떨어진 외부에서 전해진 문화의 영향으로
탄생한 것이 아닌가 하는 의견은 자주 언급된다. 예를 들어
『주간동아』 2016년 7월 13일 기사에서 문화재청 문화재위
원인 최성자는 아프가니스탄에서 발견된 금관이 신라 금관
과 비교되어 국내 학자들의 관심을 끌었다고 소개한다. 그
렇다면 대가야의 중심지 고령 지역에서 독특한 형태의 금관
이 나왔다는 학설을 북방 문화와의 교류와 관련된 고고학적

발견과 이어볼 만도 하다.

예를 들자면 금관과 순장 풍습의 연관 관계를 생각해 볼 수도 있다. 순장은 지위가 높은 사람이 사망했을 때 그에게 충성을 바친 사람도 같이 무덤에 묻는 고대의 악습이다. 한반도 바깥 북방 지역에서 발견된 무덤 중에는 이런 것들이 제법 자주 발견된다. 중국에서는 명나라와 청나라 시대까지 궁중에서 순장 풍습이 조금씩 이어지기도 했다.

그에 비하면 한반도에서는 순장의 흔적이 많이 발견되는 편은 아니다. 그런데 유독 가야 지역, 특히 대가야가 자리 잡았던 것으로 추측되는 고령 지역에서 순장 유적이 자주 발견되었다. 고령의 지산동 고분군에서는 어떤 사망자 곁에 무려 30~40명의 사람을 함께 묻어둔 무덤이 발견되기도 했다. 그렇다면 대가야 지역은 한반도 바깥 북방 문화의 영향을 유독 많이 받은 이들이 살던 곳이기 때문에 결과적으로 순장 풍습도 전해지고, 머나먼 북방의 특징이 발견되는 특이한 금관도 만들었다고 볼 수 있지 않을까?

그러나 이런 갖가지 상상들은 결국 깨어질 수밖에 없다. 이를테면 국보 제138호 금관에는 바나나 모양의 파란 옥 조각품이 달려 있다. 사실 이 조각품이 원래부터 달려 있던 그 형태로 보존된 게 아니다. 현대 후손들이 이런 식으로 붙어 있는 게 아닌가 싶어 적당히 달아놓은 것에 불과하다. 원래 어떤 모양이었는지 정확히 알 수 있는 자료는 없다. 국

도둑맞은 금관을 찾아라

보 제138호에는 금관 말고도 다른 황금 장식이 몇 개 더 포함되어 있는데, 이 장식품들은 무엇이며 어디에 어떤 식으로 장식하는 것인지 알려져 있지 않다.

이 금관이 어디에서 어떻게 출토된 것인지 아는 사람이 아무도 없기 때문이다. 따지고 보면 '전 고령 금관'이라는 설명도 '고령에서 나왔다고 사람들 사이에 전해진다'는 뜻일 뿐으로, 기록과 증거가 부족해 확신할 수 없다는 의미를 강조한 것이다. 도대체 왜 이렇게 되었을까? 그 답을 알기 위해서는 지금부터 60년 전인 1963년 2월에 처음 보도되었던, 대한민국 사상 가장 거대한 규모의 도굴 사건부터 살펴보아야 한다.

현풍 지역의 도굴꾼들

이야기의 무대는 대구로 바뀐다. 『경향신문』 1963년 2월 6일 기사에 따르면, 2월 5일에 대구의 현풍 지역에서 도굴꾼들이 잡혔다. 이 무리는 고려시대 무덤을 파헤쳐 도자기를 꺼내 팔았다고 한다. 여기까지는 어찌 보면 흔한 사건이다. 이곳은 현풍 곽씨가 본관으로 삼고 있는 지역이다. 곽씨 집안에서 전해 내려오는 이야기에 따르면, 고려시대 곽경郭鏡이라는 사람이 현풍 지역을 봉작封爵으로 받으면서 현풍 곽씨가 시작되었다고 한다.

그런저런 정황을 보면 고려시대 이 지역에는 제법 부유한 사람들이 거주했으리라 짐작 가능하다. 게다가 고려시대 도자기는 해외에도 잘 알려진 골동품이기 때문에 거액을 주고 수집하려는 이들이 국내외를 막론하고 다수 있었으며, 그 가치를 평가할 수 있는 이도 많다. 따라서 도굴꾼이 그런 도자기를 파내기만 한다면 제값 받고 팔기가 좋다.

그런데 이 사건은 파고들수록 평범하지 않았다. 우선 규모가 무척 큰 편이었다. 재물에 눈이 어두운 도둑 1~2명이 달밤에 몰래 남의 무덤을 파헤친다는 정도가 아니었다. 첫 보도 시점부터 이미 관련 범죄자의 수를 6명가량으로 보고 있었는데, 시간이 지날수록 관련자는 계속해서 늘어났다. 도굴할 무덤을 파악하고 계획을 세우는 무리가 있는가 하면, 무덤을 팔 때 삽질과 곡괭이질을 담당하는 힘쓸 사람도 있었으며, 한편으로는 빼낸 물건을 팔아서 현금을 만드는 데 집중하는 조직원도 있었던 것으로 보인다. 그러니까 무덤 한두 군데를 목표로 한 것이 아니라 특정 지역의 모든 무덤을 휩쓴다는 규모의 계획으로 움직이는 도굴 회사라고 할 만한 조직이었다.

『매일신문』 2009년 1월 13일 기사에서는 그 지역 주민들 사이에 떠돌았던 1963년 사건 당시 상황을 추측해볼 수 있는 이야기가 실렸다. 1960년대 초 마을에 나타난 어떤 사람이 당시 기준으로는 거액이었던 100만 원을 들여 주민들을 동원해 일대의 무덤을 모조리 파헤치는 작업을 추진했다. 당시 돈을 받고 도굴에 참여했던 주민 중 한 사람이 2009년 시점에도 생존해 있으며, 그렇게 파낸 유물이 무려 트럭 두 대 분량이었다고 한다. 이 기사에서는 정씨라는 사람이 어린 시절 무덤 근방에서 주운 구슬 모양의 장신구로 친구들과 장난치며 놀았다는 기억도 소개하고 있다.

정말 1960년대 초 도굴꾼 일당들은 트럭 두 대 분량의 유물을 도굴하는 데 성공했을까? 도굴꾼은 그 작업의 특성상 역사적 가치가 있는 모든 유물을 가져가지 않는다. 돈으로 쉽게 바꿀 수 있는 금, 은, 보석, 장식품 등 거래가 잘되는 골동품 등을 챙기는 것이 보통이다. 고대의 문화를 밝히는 데 결정적으로 중요한 물건이나 역사가 기록된 귀중한 문서라도, 당장 팔아서 돈을 만질 수 없다면 버려지고 짓밟히는 일도 흔하다. 실제로 그 시절 무덤 밖으로 나온 유물의 양은 훨씬 더 막대한 양이었을지도 모른다.

물론 『매일신문』 기사에 실린 풍문은 1963년 사건의 정확한 실상과는 다를 수밖에 없을 것이다. 그렇지만 이 시기 조직적으로 움직였던 도굴꾼들이 얼마나 거대한 규모로, 어느 정도의 자금을 투입해 범행을 저질렀는지 유추하는 데 도움이 될 만하다.

현풍 지역의 도굴 사건에 대한 첫 기사를 실은 지 이틀

이 지난 2월 8일, 『경향신문』은 도굴품 중에 도자기뿐만 아니라 다른 고대 유물도 포함되었다는 사실을 보도했다. 『동아일보』 2월 12일 기사는 고대 유물이 무엇이었는지 본격적으로 밝히기 시작했다. 오리 모양의 토기와 금으로 만든 말 안장을 파냈다는 소식이다. 곧 경북 안동, 고령 등지에서 벌어졌던 도굴 사건도 속속 확인되기 시작했다.

금관을 어디에 숨겼을까?

한편 사건을 조사하던 대구경찰서는 도굴꾼 조직과 연결된 장물 처리 조직을 추적해나갔다. 이 시기 장물을 거래하던 업지는 당장 현금을 얻기를 원하는 도굴꾼들에게 가능한 한 싼값을 지불하며 장물을 취득한 것으로 보인다. 이들은 천천히 시간을 두고 유물의 가치를 잘 아는 수집가들에게 몰래 연락해 싸게 구입한 유물을 되파는 수법을 쓰기 마련이다. 그 때문에 오래전 도굴된 유물이 한참 동안 숨겨져 있는 경우도 왕왕 있었다. 대구경찰서는 바로 이런 업자들을 체포해서 유물을 되찾으려고 했다.

그러던 중 『동아일보』 1963년 7월 8일 기사에서 드디어 금관이 언급된다. 검찰은 수사 중 구씨라는 인물을 검거했는데, 그는 1961년 4월에서 9월 사이 안동의 일직면과

검찰은 도굴꾼을 검거하고 그가 1961년 4월에서 9월 사이 안동의 일직면과 대구의 현풍 지역 등에서 도굴을 했다고 말했다. (『동아일보』 1963년 7월 8일, 『경향신문』 1963년 7월 29일)

대구의 현풍 지역 등에서 도굴을 저질렀고 그렇게 빼돌린 보물 중에 금관도 있었다고 한다. 다만 범행 시기에 대한 보도 내용은 조금씩 바뀐다. 『경향신문』 1963년 7월 25일 기사에서는 금관을 도굴한 것이 1961년 11월이라고 했고, 『경향신문』 7월 29일 기사의 검찰 기소 내용 보도에는 대구에서 1961년 4월 금관을 도굴했으며 11월 안동에서 강씨와 함께 다른 유물을 도굴했다고 전한다.

확실히 언급되지는 않았지만, 나는 구씨가 1963년 2월 적발된 대규모 도굴 조직과 직접 관련되었을 가능성이 있다고 생각한다. 직접 관련이 없더라도 장물업자 등을 통해 간접적으로 연결되어 있을 가능성은 매우 높다. 실제로 그의 금관을 처음 사들인 장물업자가 1963년 2월 적발된 도굴 사건에 연루되어 이미 검거된 상태였다.

아마도 구씨는 이 시절 현풍 일대에서 활동한 도굴꾼들 중 비교적 솜씨가 좋고 눈썰미가 뛰어난 인물이 아니었나 싶다. 이 기사에 따르면, 구씨는 도굴 범죄와 관련된 전과를 갖고 있기도 했다. 막연한 짐작일 뿐이지만, 나는 구씨가 이 지역에 좋은 유물이 묻혔다는 사실을 미리 파악하고 1961년에 먼저 손을 댔다고 생각한다. 그래서 구하기도 어렵고 팔기도 어려운 가장 귀한 보물을 먼저 손에 넣었던 것 같다. 그 후에 적당히 몸을 사리면서 숨어 있으려고 했을지도 모르겠다.

그런데 무덤을 파헤쳐 한몫 잡을 수 있다는 욕심에 너도나도 달려든 도굴꾼 무리가 1963년에 적발되는 바람에 구씨까지 들통난 것은 아닐까? 『경향신문』 7월 26일 기사에서는 구씨를 '나무꾼'이라고 언급한다. 어쩌면 구씨는 애초에 나무를 베며 산속 이곳저곳을 돌아다니다가 우연히 허물어져가는 무덤에서 돈이 될 만한 보물이 묻혀 있는 장면을 목격했고, 그때부터 범죄에 빠져들었는지도 모르겠다.

처음 사건이 게재되었던 『동아일보』 7월 8일 기사만 보면 대구지방검찰청 측은 금관도 곧 찾아낼 수 있다고 자신감을 보였다. 구씨가 도굴한 금 귀걸이까지 이미 확보한 상태였다. 검찰은 금관을 국보급의 가치가 있다고 평가했고, 이 정도의 귀한 유물을 사들일 만큼 어마어마한 금액을 지불할 사람을 찾기란 쉽지 않으니 분명 어딘가에 숨겨둔 금관이 나올 것이라고 짐작한 듯싶다.

금관이 처음으로 세상에 공개되다

그런데 사건은 전혀 다른 방향으로 풀려나갔다. 구씨가 도굴한 문제의 금관을 소유한 이가 다름 아닌 모 기업의 회장이라는 소식이었다. 『경향신문』 7월 25일 기사에 따르면, 구씨는 도굴한 금관을 대구 시내의 윤씨에게 넘겼고, 윤씨는 서울 장충동의 고미술품 거래업자 장씨에게 넘겼다고 한다. 그리고 장씨가 모 기업 회장에게 금관을 팔았다는 이야기다. 즉, 회장은 금관을 도굴꾼이 아니라 고미술품 거래상에게서 구입했다는 것이다. 이 기사에서 검찰은 그 회장을 소환 조사하겠다고 밝혔다. 그런데 소환 조사가 쉽지 않았다.

마침 회장은 사업상의 이유로 일본에 건너갔다. 대한 민국과 일본 사이에 국교가 정상화된 것은 1965년의 일이다. 이 사건이 벌어진 시점에는 한국과 일본 간에 정상적인 외교 관계가 없었다. 수사의 협조를 구하거나 사람을 오가게 하는 작업이 쉽지 않았다. 게다가 회장 쪽에서는 고의로 장물을 사들인 것이 아니라 어디까지나 정상적으로 거래되는 물건으로 생각하고 금관을 구입한 것뿐이라는 입장을 취했다. 그러다 보니 검찰은 회장 쪽에서 문서로 제출한 내용을 받아보는 데 그쳐야 했다.

　　일이 이렇게 돌아가자, 이상한 소문도 흘렀다. 『동아일보』 7월 26일 기사에 따르면, 금관이 이미 일본으로 빠져나 갔다고 수군거리는 이들이 제법 많았던 것 같다. 『경향신문』 7월 25일 기사에는 무슨 근거였는지 금관이 하나만 있는 것이 아니라 총 3개라는 소문도 돌았다고 했다.

　　결국 금관의 위치가 어딘지 뻔히 아는 상황에서도, 수사 관계자들 중 누구도 실제로 금관을 보지 못한 상황에서 수사는 끝났다. 금관을 중개했던 사람들 중 두 사람이 불구속 기소되는 것으로 사건은 마무리되었다. 1963년 9월 6일 문교부 이종우 장관이 서울지방검찰청에 공식 서한을 보내 각종 도굴 사건을 엄중히 수사해달라고 부탁하면서 금관 사건도 언급했다는 소식이 있기는 하다. 하지만 실제 수사에서 구체적으로 달라진 점은 크게 없었던 것 같다.

1960년 5·16군사쿠데타로 집권한 당시 정부는 자신들의 정체성을 혁명으로 이룩한 '혁명 정부'라고 불렀다. 혁명 정부는 1963년을 마지막으로 자신들의 활동이 성공적으로 결말을 맺었고, 그다음 단계로 정상적인 보통 정부가 1964년부터 시작된다는 일정을 제시했다. 세간에서는 그러한 전환을 '민정이양'이라고 불렀다. 그 때문에 정부는 1963년 말 혁명의 성공을 축하하며 민정이양을 기념한다는 뜻으로 몇 가지 사면을 단행했다. 『경향신문』1964년 12월 22일 기사에 따르면, 이때의 사면으로 몇몇 범죄에 대한 처벌 근거가 영영 소멸되었으며 그에 따라 모 기업 회장의 금관 소유에 대해서 더는 아무런 법적인 문제를 제기할 수 없게 되었다고 한다.

세월이 흘러 도굴꾼 구씨가 세상에 금관을 꺼낸 지 10년이 지난 1971년이 되어 회장은 자신이 소장한 여러 골동품을 대중에게 전시하는 행사에 참여하게 되었다. 이때 창녕에서 발견되었다고 전하는 고대의 금관도 처음으로 세상에 공개되었다. 그 금관은 누구나 공감할 만한 국보급 유물이었고, 공개와 동시에 국보로 지정되었다. 바로 국보 제138호 금관이다.

다시 세월이 28년이 더 흐른 1999년 1월 27일, 『매일경제』는 이경희 가야대학교 총장의 논문 내용을 소개했다. 국보 제138호가 바로 1963년 검거된 구씨가 도굴한 그 금

관이라는 이야기였다. '전 창녕 금관'이라는 명칭과는 달리
사실은 대구의 현풍에서 발견되었을 가능성이 높다는 뜻이
기도 하다. 이경희의 논문이 사실이라면, 그것은 이 20센티
미터 정도 크기의 작은 금덩어리가 합법이냐 불법이냐는 이
야기 이상의 수수께끼에 대한 해답이 될지도 모른다.

현풍 지역에는 예부터 '팔장군묘'라고 부르던 무덤들
이 있었다. 8개의 큰 무덤에 8명의 옛 장군이 묻혀 있다는
전설에서 유래된 이름이다. 구씨는 팔장군묘를 도굴한 바
있는데, 그곳에서 금관이 나왔다면 이 거대한 8개의 무덤은
어쩌면 왕릉과 비슷한 장소였다는 추측도 해볼 만하다. 그
렇다면 가야 계통의 세력이 대구 지역까지도 깊숙이 들어왔
던 것일까? 혹은 그동안 완전히 잊힌 새로운 역사가 팔장군
묘에 숨어 있었을까?

지금은 그 단서를 찾는 것이 쉽지 않다는 점이 무척 안
타깝다. 수많은 도굴꾼이 엉망으로 파헤친 그 무덤들 사이
에서 무슨 유물이 어떤 모습으로 어디에 묻혀 있었는지, 그
유물이 도대체 무엇에 사용하는 어떤 의미의 물건이었는지
알아내기가 이제 대단히 어려워졌다. 국보 제138호 역시
정말로 왕관이었는지, 아니면 왕자나 공주가 쓰던 관이었는
지, 혹은 임금이 지방의 세력가에게 하사한 선물이었는지에
대해서도 알 수 없는 일이 되었다.

그리고 2004년 3월 4일에는 색다른 기사가 『연합뉴

스』를 통해 배포되었다. 문화재 지정을 위해 현풍의 팔장군 묘 근처를 살펴보던 달성군청 공무원이 가야의 토기로 보이는 옛 그릇 67종을 발견했다는 소식이었다. 이 기사에 따르면, 유물들은 나뭇가지에 덮여 있었다고 하는데, 경찰은 아마 오래전 도굴꾼들이 무덤에서 파낸 뒤에 미처 처분하지 못하고 숨겨둔 것일 가능성이 크다고 설명했다.

007

쓰레기를 실은 워싱턴 메일호

나일론 백 사건

1967년 연말의 일이다. 한 해가 끝나가던 12월 30일 오후, 인천에서 굉장히 이상한 배 한 척이 발견되었다는 소식이 검찰에 보고되었다. 『동아일보』 1968년 1월 5일 기사에 따르면, 문제의 배 이름은 '워싱톤 메일호'로 미국 국적의 배였다고 한다. 미국 배를 이름 짓는 관습을 고려하면, 배의 이름은 요즘 표기로 '워싱턴 메일Washington Mail'이었던 것 같다. 배의 크기는 8,000톤 규모로 비교적 컸으며, 동남아시아 방면으로 정기 운항하는 화물선이었다.

이후의 보도를 살펴보면 홍콩을 지나기도 했던 것으로 보인다. 아마도 미국에서 출발해 일본을 거쳐 한국과 홍콩을 들러 태국이나 말레이시아 등지를 운항하고 다시 미국까지 되돌아가는 화물선이 아니었나 싶다. 여기까지는 특별히 이상할 것이 없다.

이상했던 점은 배 자체가 아니라 배에 실린 화물이었다. 국내 무역회사의 주문으로 실어놓은 상자들이 잔뜩 있었다. 『경향신문』1월 9일 기사에 따르면, 상자는 총 233개였다. 전체 무게는 148톤이었다고 하니 상자 하나의 무게는 대략 635킬로그램이 된다. 배가 실을 수 있는 무게를 고려해서 상자를 일부러 크게 만들었을 이유는 없다고 가정하면, 상자 하나의 크기는 대략 10킬로그램짜리 쌀자루를 63~64개 정도 쌓아놓은 크기였을 거라고 추측할 수 있다.

635킬로그램 단위로 나누어 상자에 따로 담아서 실을 정도라면, 그 화물이 고가의 제품이었을 가능성이 높다. 값싼 제품이라면 더 커다란 상자에 마구 담아놓았을 것이고, 또 무게당 가격이 낮은 제품이라면 포장의 크기가 더 클 것이다. 나중에 확인한 자료에 따르면, 이때 233개 상자 속에 담겨 있다고 서류에 기재되어 있던 내용물은 나일론 백bag이었다고 한다. 그리하여 이 사건은 흔히 '나일론 백 사건'이라고 불리게 된다.

당시 나일론이라는 소재가 굉장히 인기 있었다는 점과 한국의 경제 수준이 높지 않았다는 점을 고려해보면 이런 가방도 어느 정도 값어치 있는 물건으로 볼 수 있었다. 나일

워싱턴 메일호에는 아무 짝에도 쓸모없는 쓰레기가 포장된 채 여러 의심을 받으면서 아주 중요한 거래를 하는 것마냥 운반되고 있었다. (『동아일보』1968년 1월 5일)

론 가방 하나의 무게가 1킬로그램 정도라고 생각해보면, 상자 하나에 가방을 635개씩 넣을 수 있다. 그러니 이 배는 서류상으로만 보면 총 14만 8,000개의 가방을 싣고 인천에서 홍콩으로 떠나는 길이었다. 문제는 서류상 화물과 실제로 배 안에 실려 있던 화물이 전혀 달랐다는 것이다.

여기까지만 보고 가장 쉽게 떠올릴 수 있는 이야기라면 화물 상자 속에 가방 대신 마약이라든가 총기나 화약 등 쉽게 운반하거나 거래할 수 없는 물건을 몰래 숨겨둔 범죄라는 생각을 해볼 만하다. 아니면 범죄 조직이 금괴나 다이아몬드 등을 해외로 빼돌리기 위해 가방 상자 속에 보물을 하나씩 숨겨놓았다는 생각도 떠올릴 만하다. 이런 부류의 항만 범죄에 관심이 많은 사람이라면, 세금이 많이 붙기 마련인 물건을 원활하게 거래하기 위해 몰래 숨겨 운반한다는 추측을 할지도 모르겠다.

예를 들어, 1970~1980년대에는 세금을 내지 않기 위해 외국산 전자제품이나 사치품을 국내로 몰래 숨겨 들어오는 범죄가 잦은 편이었다. 지금에 비해 1960년대에는 국제 문화 교류가 훨씬 어려웠다는 점을 생각해보건대, 정식으로 유통하기 어려운 책, 잡지, 음반, 영화 등을 숨겨둔 배였다고 상상해볼 수도 있겠다.

그렇지만 실제로 이 배에 실려 있던 제품은 그중 어느 것에도 포함되지 않았다. 화물 상자 안에는 아무 쓸모도 없는 모래가 잔뜩 들어 있었다. 그 외에는 왜 실었는지 모를 잡다한 물건들이 포함되었으며, 『경향신문』 1월 9일 기사에 따르면, 무슨 까닭인지 모기장도 있었다고 한다. 모기장을 높은 값에 밀매하는 국제범죄 조직이 있을 리는 없으므로, 그 물건이 모기장이라는 데에 특별한 의미는 없다. 즉,

이 배에는 아무 짝에도 쓸모없는 쓰레기 148톤이 정성스럽게 포장된 채 여러 인물의 관심을 받으면서 아주 중요한 거래를 하는 것마냥 운반되고 있었다는 이야기다.

이것은 자주 보는 보통의 범죄 방식과는 거리가 멀다. 보통 밀매 범죄는 별 가치가 없어 보이는 물건 속에 원래 목표인 물건을 숨겨둔다. 예를 들어 설탕 봉지 속에 마약을 숨긴다든지, 곰 인형 안에 사파이어나 에메랄드 같은 보석을 숨겨 들여오는 경우를 떠올려보자. 그런데 이 사건에서는 무슨 영문인지, 정반대로 제법 비싼 나일론 백을 화물로 실었다고 하면서 그 안에는 쓰레기를 실은 채 한국에서 홍콩으로 운반하고 있었다. 도대체 어떤 수법의 범죄일까? 혹시 '나일론 백 사건'에 대해 아직 알지 못한다면, 여기에서 잠시 멈추고 신상이 무엇인지 직접 추리해보는 것도 좋겠다.

'수출 보국'이 나라에 대한 충성의 길

사건의 진상은 1960년대 한국의 사회상이나 경제정책과 밀접한 관련이 있다. 즉, 이 범행의 수법을 이해하려면 당시 한국의 경제정책을 알아야 한다. 1960년대 후반 한국에서는 수출 주도의 경제성장이 가속화되면서, 정부가 수출 기업에 대해 여러 혜택과 정책적 지원을 보장하고 있었다.

쓰레기를 실은 워싱턴 메일호

'수출 보국輸出報國', 즉 국산 제품 수출이야말로 나라에 대한 충성의 길이라는 용어가 유행할 정도로 수출을 강조하던 때였다. 이 시대의 사회 분위기는 이후 한국 문화의 일부가 될 정도로 강력하게 각인된 것이다. 매달 수출 실적이나 경상수지를 중요한 경제 지표로 방송에서 보도하는 풍경이라든가, 중소기업이 회사 홍보를 위해 수출 실적을 특별히 강조하는 모습은 지금까지도 흔히 접할 수 있다.

그렇다 보니 1960년대 말 무렵에는 서류상으로 수출을 했다는 기록을 최대한 많이 남겨서 정부에서 혜택을 빈으려는 사람들이 있었다. 영화 산업을 예로 들어보자. 1970년대에는 영화를 수출한 회사에 외국 영화를 수입할 수 있는

한국은 1960년대 수출 주도의 경제성장을 가속화하면서, 수출 기업에 대해 여러 혜택과 정책적 지원을 보장했다. 정부는 수출 1억 달러를 달성한 1964년 11월 30일을 '수출의 날'로 지정했다.

권리를 주는 제도가 있었다. 외국에서 흥행해 인기가 보장된 영화를 국내에 들여와 돈을 벌기 위해서는 한국 영화를 해외에 수출해서 영화 수입 권리를 따낼 필요가 있었다. 어떤 범죄자가 해외에 한국 영화를 수출한 것처럼 기록을 만들어낼 수 있다면, 큰 이익이 보장된 셈이다.

바로 그런 이유 때문에, 실제로 아무 가치가 없는 물건이라고 할지라도 일단 해외에 수출했다는 흉내만 낸다면 정부에서 수출업체를 위한 권리를 얻는 방편이 될 수 있었다. 그래서 1967년 워싱턴 메일호에 정성스럽게 포장한 쓰레기 148톤을 싣고 홍콩까지 가져가, 홍콩에 수출했다는 기록을 남기기로 한 것이다. 결과적으로 이 사건이 흔히 '나일론 백 사건'이라고 불리기는 하지만 실제 나일론 백은 등장조차 하지 않는다. '나일론 백 사건'에서 나일론 백은 그저 환상 속의 가방일 뿐이다.

『경향신문』 1월 9일 기사에는 이들의 수법에 대한 검찰 수사 내용이 실렸다. 결론만 놓고 단순하게 설명한다면 이 범죄는 '나일론 밀수'라고 볼 수 있다. 당시 나일론은 국내에서 팔기 좋은 인기 있는 제품이었는데, 이 범행은 해외에서 나일론을 수입하는 동시에 세금을 내지 않고 국내에 들여옴으로써 더 많은 이익을 취하는 방식이었다. 수입품 통관 과정은 여러모로 엄격하기 마련이며, 다양한 밀수 수법이 이미 당국에 알려져 있기 때문에 자칫 덜미를 잡히기도 쉽다. 그래서 이들은 합법적으로 대놓고 나일론을 들여올 수 있는 방법을 활용하기로 했다. 당시 수출품에 쓰이는 원료를 수입할 때에는 관세를 면제받을 수 있거나 낮은 관세로 통과할 수 있다는 점을 이용한 것이다.

즉, 이들은 나일론 가방을 만들어서 수출하겠다는 명목하에 세금을 내지 않고 나일론을 수입하는 제도를 이용했다. 나중에 나일론 가방을 만들어 실제로 수출하기만 한다면 여기까지는 합법이다. 하지만 그 나일론으로 가방을 만드는 대신, 국내에 그냥 팔아버려서 이익을 챙겼다. 이후 나일론 가방을 해외에 수출했다는 기록을 만들기 위해, 모래 따위를 그럴듯한 상자에 담은 뒤 서류상으로는 나일론 가방인 것처럼 꾸며 홍콩으로 보내려고 했던 것이다. 『서울경제』 권홍우 기자가 쓴 2016년 12월 30일 기사에 따르면, 실제로 많은 경우 해외로 보내는 과정 없이 포장 상자를 그냥 바다에 버리기도 했다고 한다.

이렇게 이상한 배에 대한 이야기는 수출 관련 제도에 밝았던 무역회사나 유통회사에서 쉽게 거액을 챙기기 위해 당국의 눈을 피하려던 꼼수로 마무리되는 것 같았다. 이들의 행각을 꼼꼼히 조사하지 않았다는 이유로 관세 당국 공무원들도 조사받을 거라는 이야기가 같이 나오는 정도였다. 많은 세관 공무원이 무역회사에서 뇌물을 받았다는 사실이 드러날지도 모를 상황이었다.

사건의 배후에 권력층이 있다

그런데 '나일론 백 사건'이 적발되고 일주일 정도가 지난 시점인 1968년 1월 6일, 『동아일보』 기사에서 새로운 이야기가 등장하면서 초점은 다른 방향으로 옮겨가기 시작한다. 세관 공무원 중 구속당한 세 사람이 자신들은 자세한 것은 모르고 상부의 지시를 받았을 뿐이라면서 "이 사건의 배후에 큰 흑막黑幕이 있고, 권력층의 압력을 받았다"고 진술한 것이다.

무슨 흑막이 있고, 어떤 권력층이 압력을 가했다는 것일까? 이 기사에는 주요 인물들이 도망쳤고, 관련 서류들도 모두 사라졌다는 이야기까지 언급되어 있다. 큰 권력을 행사하는 어떤 국가기관이 덜미가 잡히지 않기 위해 추적할 수 있는 근거들을 모두 없애버렸다는 뜻이다. 이것이 사실이라면, 무역회사 사람들의 작당이 아니라 국가기관 또는 그 기관의 고위 인사가 이익을 위해 벌인 일일 수도 있다는 의미였다.

아닌 게 아니라 그렇게 볼 만한 정황도 있었다. 이 사건에 얽혀 있는 무역회사는 3개였고, 『동아일보』 1월 19일 기사에 따르면 피의자로 송치되었다는 인원만 22명에 이르렀다. 3개 무역회사와 세관 직원들이 이렇게나 많은 숫자로 동시에 얽혀 있으려면, 그 사이에서 연결을 담당하는 사람이 있지 않겠는가? 게다가 수법 자체도 법망의 틈을 이용하고 단속에서 적발되지 않을 구멍을 찾아내야 하는 형태였으므로, 국가기관의 운영 실태와 국제 무역의 현실을 잘 아는 누군가가 역할을 했어야 한다는 짐작도 해볼 만하다. 그렇다면 혹시 세관의 고위층이나 수출 관련 정책을 담당하는 정부의 고위 담당자가 연결된 사건이었을까?

『동아일보』 1월 11일 기사를 보면, 이 사건과 관련해 전직 고위 공무원인 어느 정부기관의 과장을 구속했디는 기록이 나와 있다. 그런데 『동아일보』 1월 30일 기사에 그 과장의 과거 소속기관이 드러나 있는데, 세관도 아니고 수출 관련 부서도 아니었다. 놀랍게도 중앙정보부였다. 제3공화국 당시 '나는 새도 떨어뜨린다'는 말로 유명했던 바로 그 중앙정보부 출신의 인물이 쓰레기를 수출해서 서류를 꾸미는 일에 관련되어 있을지도 모른다는 의미였다.

『경향신문』 1월 10일 기사와 『동아일보』 1월 11일 기사를 보면, 과장이 공식적으로 받은 혐의는 단순하다. 무역업자 두 사람이 1967년 7월 무렵 서울 퇴계로의 한 다방에서 과장을 만나 뇌물을 건넸고, 그 대가로 과장은 쓰레기 수출 작전이 잘 진행될 수 있도록 관계 기관들에 압력을 가하기로 했다는 내용이 전부다. 그 액수는 총 5,000만 원이었는데, 10월 23일과 11월 15일 두 번에 걸쳐 우선 2,200만 원을 받았다는 내용도 덧붙여졌다.

하지만 이렇게만 봐서는 이야기가 깨끗하게 설명되는 것 같지가 않다. 통계청의 화폐가치 계산식을 이용하면, 1967년의 5,000만 원은 지금의 15억 원에 해당하는 금액이다. 아무래도 과장 한 사람이 혼자서 받았다고 하기에는 지나치게 큰 액수다. 게다가 아무리 중앙정보부 소속이었던 과장이라고 하지만, 연루된 모든 사람을 한 개인이 움직일 수 있었을까? 실제로 과장은 재판 결과 1968년 7월 유죄판결을 받지 않고 석방되었다.

　　여기서부터는 그저 상상의 영역에 지나지 않는 이야기이기는 하지만, 당시 사람들이 갖고 있던 생각을 짐작하게 할 만한 내용을 덧붙여보고자 한다. 이 내용은 『서울경제』 권홍우 기자의 기사에 근거를 두었다.

　　어느 나라든 정보기관은 공식적으로 자금 사용처를 밝히기 껄끄러운 업무를 할 때가 왕왕 있기 마련이다. 예를 들어 적국에서 정보를 빼내기 위해 뇌물을 주거나, 적의 주요 인물을 전향시키기 위한 미끼가 필요한 경우 말이다. 하지만 국회에 첩보원이 출석해서 '내가 지금 어느 나라에 가서 뇌물을 주고 그 나라 기밀 정보를 빼내오려고 하는데 거기 쓰일 자금이 필요하니 예산을 올려달라'고 대놓고 말할 수는 없다. 심지어 상황에 따라 적국에서 몰래 무언가를 훔쳐오거나, 누군가를 암살하는 작전을 펼쳐야 할 때도 있는데, 그런 일에 필요한 예산을 공식적으로 마련하기란 어렵다.

그 때문에 정보기관들은 필요 자금을 몰래 조달할 수 있는 비공식적인 방법을 마련하는 경우가 흔하다. 이를테면, 정보기관에서 다른 이름을 내걸고 고급 택시 회사를 운영한다면 다른 정부기관들에서 항상 그 택시 회사만 비싼 요금을 내고 이용한다든가 하는 방법을 상상할 수 있다.

'나일론 백 사건'도 그런 맥락일 가능성은 없을까?『서울경제』기사에서는 사건 당시 중앙정보부의 기관장이 나일론 가방 작전은 중앙정보부에서 해외 업무를 위한 자금을 얻는 방편이었다고 대통령에게 호소했다는 이야기가 실려 있기도 하다. 제임스 본드James Bond의 '007 시리즈' 영화에서 KGB 요원들이 무기 밀매에 개입하고, 〈시카리오Sicario〉(2015년) 같은 영화에서 CIA 요원들이 마약 밀매에 개입한다. 바로 그런 느낌으로 이 이야기 속 1960년대 중앙정보부 요원들은 공업 제품 수출에 개입하고 있었다는 추측이 가능하다.

실제로 당시 구속되었던 과장은 적어도 중앙정보부 내에서는 유능하다는 평가를 받았던 인물이었던 것 같다.『조선일보』1968년 6월 30일 기사를 보면, 검찰에서조차 과장이 뇌물을 받기는 했지만, "동백림 공작단 사건 수사에 큰 공을 세웠"다면서 형은 높게 구형하지 않는다고 말했다. 과장이 뇌물로 받았던 금액을 그대로 돌려주기도 했다는 점 역시 언급되어 있다.

'나일론 백 사건'에 관여한 중앙
정보부 출신의 과장은 동백림 사
건, 인혁당 사건, 김대중 납치 사
건 등 현대사의 굵직굵직한 사건
을 직접 목격했다고 한다. (『조선
일보』 1968년 6월 30일)

'동백림 공작단 사건'이란 보통 '동백림 사건'이라고
부르는 1967년의 사건이다. 유럽에 체류하던 한국인 중
200명에 가까운 인원이 동백림東伯林, 즉 동베를린을 통해
북한과 교류하며 스파이 행위에 참여했다는 발표가 터져 나
온 것이다. 지금까지도 여러 방향에서 종종 논란으로 떠오
르는 이 사건은 국제적으로 파장이 컸다. 그런 만큼 '동백림
사건'에 관여한 과장 역시 주요 인물로 평가되었을 가능성

이 높다. 『월간조선』 2004년 4월호 기사에서는 노년에 접어든 과장을 인터뷰한 내용이 실린 적이 있는데, 이 기사에 따르면 과장은 이후에도 중앙정보부에서 많은 일을 담당했으며 그 과정에서 인혁당 사건, 김대중 납치 사건 등 현대사의 굵직굵직한 사건을 가까이에서 목격했다고 한다.

중앙정보부와 육군 방첩대의 갈등

이런 식으로 '나일론 백 사건'의 핵심이 중앙정보부와 관련이 있을지도 모른다고 가정한다면, 1968년 7월 판결이 나오고 과장이 석방되면서 사건은 일단락되었다고 할 수 있을 것이다. 그런데 조금만 더 들여다보면, 또 다른 사실 하나가 슬그머니 끼어들어 있다는 점이 눈에 띈다.

이 사건을 처음 보도한 『동아일보』 1968년 1월 5일 기사를 보면, 맨 앞부분에 무심코 넘어가기 쉽지만 볼수록 놀라운 사실이 언급되어 있다. 이 사건을 1967년 12월 30일 처음 조사해 발견한 주체가 경찰이나 세관이 아니라 육군 방첩대라는 사실이다. 육군 방첩대는 과거 보안사 또는 기무사라고 부르던 국군방첩사령부의 전신이 되는 조직이다. 말 그대로 적의 스파이 행위를 막기 위한 활동을 지휘하던 부대였고, 다양한 정보 수집과 기밀 활동을 담당했으며, 경우에 따라서는 군대 조직 내에서 중앙정보부와 비슷한 업무를 수행할 때도 있었다.

도대체 어떻게 해서 육군 방첩대가 '쓰레기 수출 작전'을 알아낼 수 있었을까? 바다에서 벌어진 일이니 해군 소속 기관이었다면 어떤 식으로든 접점이 있었을지 모른다. 또는 군수 물자로 사용될 수 있는 물건과 관련된 사업이었다면 육군에서 정보를 입수할 가능성이 있었을지 모른다. 하지만 이것은 해로海路를 통해 나일론 가방을 수출한다는 명목하에 벌어진 사건이다. 육군 방첩대는 이 사건을 어떻게 인지하고 조사할 수 있었을까?

『중앙일보』1991년 1월 4일의 연재 기획 기사 '청와대 비서실'을 비롯한 여러 기사에서 그 이유라 할 만한 이유들을 제시한 바 있다. 대통령과 정부가 막강한 권력을 휘두르며 온 나라와 정치권을 뒤흔들 수 있었던 제3공화국 시절에는 그 권력의 유지를 위해 전국 곳곳에서 정보를 수집하고 또 비밀리에 그에 대한 조치를 취할 수 있는 정보기관의 권력도 함께 커졌다. 제3공화국 정부의 힘이 막강해질수록 중앙정보부의 힘도 같이 강해질 수밖에 없었다. 중앙정보부가 '나는 새도 떨어뜨린다'는 말이 나온 것도 결국 그 때문이다.

일이 그렇게 돌아가다 보니, 중앙정보부의 힘에 대해 대통령 자신마저도 껄끄러움을 느꼈던 것 같다. 실제로 중앙정보부의 책임자였던 김형욱 부장은 나중에 대통령을 공격하는 내용의 회고록을 출간해 큰 골칫거리가 되기도 한다. 당시 대통령으로서는 중앙정보부와 비슷한 업무를 수행할 수 있는 다른 기관을 이용해 중앙정보부를 견제할 필요가 있다고 여겼을 법하다. 바로 그런 배경에서, 육군 내에서 정보 업무를 하는 방첩대에 힘을 실어줄 수 있지 않았을까? 아닌 게 아니라 사건 당시 방첩대의 책임자는 대통령이 한때 신임했던 인물로 잘 알려져 있었다. 그렇다면 이 무렵 방첩대와 중앙정보부가 어느 정도 갈등 관계나 경쟁 관계에 있었는지도 모를 일이다. 이런 상황에서 방첩대가 중앙정보부를 공격하기 위해 사건을 터뜨린 것이라면 어떻게 될까?

한 걸음 더 나아가 『중앙일보』 기사에서는 한 번 더 꼬인 상황을 언급한다. 이 기사에 따르면, 이 사건은 사실 중앙정보부 자리를 노리던 한 청와대 인사가 방첩대를 이용해서 중앙정보부를 공격하기 위해 정보를 흘리면서 벌어졌다는 것이다. 『서울경제』 기사에서는 이맹희 CJ그룹 명예회장의 과거 인터뷰를 언급하면서 이 사건의 배경을 비슷한 요지로 설명하고 있다. 그렇다면 중앙정보부와 방첩대의 갈등과 그것을 이용하려고 했던 대통령의 측근 때문에 아무도 모르고 있었던 이상한 거래의 실상이 세상에 드러났다는 이야기가 된다.

과연 어디까지 진실일까? 나는 당시 유죄판결을 받은 무역회사 사람들이 사건의 실체를 어디까지 알고 있었는지에 대해서도 무척 궁금하다. 이들은 징역 5년에서 7년까지의 처벌을 받은 것으로 되어 있다. 이 사건이 중앙정보부의 자금 조달을 위한 작전이었다면, 이들은 정보기관의 작전에 협력하다가 감옥에 갔다는 이야기가 된다. 그리고 이 사건이 방첩대와 중앙정보부의 대결이었다면, 방첩대의 중앙정보부 공격을 가장 앞서서 얻어맞은 쪽이 무역회사 사람들이었다는 이야기가 된다. 정말 이 사건의 발단이 청와대 쪽 인물이었다면, 무역회사 사람들에게 그들이 감옥에 가야 하는 이유를 뭐라고 설명했을까?

이 사건 이후 더욱 빠르게 힘을 얻은 듯하던 방첩대 책임자는 불과 몇 년 후인 1973년, 이 사건에 못지않게 긴 배경 설명이 필요한 사건에 휘말리며 몰락했다. 한편 중앙정보부의 김형욱 부장 역시 잘 알려진 대로 1979년 프랑스 파리에서 어디로 어떻게 사라졌는지 알려지지 않은 채 영영 실종되고 말았다. 1979년 10월 26일에는 중앙정보부 부장 김재규가 대통령을 저격했고, 방첩대의 후신인 보안사의 책임자 전두환이 그 사건을 수사하면서 국정의 중심에 등장할 수 있었다. 그러니 어마어마한 두 기관의 실체에 관한 무수한 많은 이야기 속에서 148톤의 가짜 나일론 가방 같은 사연들은 그저 사소한 이야깃거리로 잊힌 듯하다.

쓰레기를 실은 워싱턴 메일호

008

보호받지 못한 피해자

소나무밭에서 발견된 여성의 시신

북한산 끄트머리와 접한 서울 서대문구 북쪽은 예전부터 땅값이 비교적 싸고 조용한 지역이었다. 1950년대 후반에는 그 일대에 종교 계통의 수련관이라든가 사회적 보호가 필요한 사람들이 거주하는 시설이 몇 군데 설립되었다. 그중 당시에는 '소년원'이라고 불리던 어린이 보육원이 있었다. 산에 맞닿은 보육원 구내에는 소나무밭이 있었다. 민가에서 멀지 않지만 호젓한 곳이었고, 예부터 채석장으로 쓰던 바위산 지역과도 가까웠다.

『경향신문』 1956년 10월 26일 기사에 따르면, 10월 25일 아침 소나무밭에서 여성의 시신 한 구가 발견되었다.

누가 처음 발견했는지에 대한 설명은 없지만 발견된 시각이 오전 9시 30분경이라는 언급으로 짐작할 때, 아마 보육원의 어린이나 보육원 관계자가 아닐까 싶다. 시신이 발견된 위치가 보육원 정문에서 300미터 정도 떨어져 있다는 것을 감안하면, 보육원 구내이기는 하더라도 건물이나 숙소에서 쉽게 살펴볼 수 있는 위치는 아니었던 것 같다.

피해자 여성의 상태는 보기 드물게 처참했다. 『경향신문』 10월 26일 기사에는 그 목이 보자기로 졸려 있었다고 했고, 『조선일보』 10월 29일 기사에 따르면 피해자의 얼굴에는 "범인이 피 묻은 손으로 얼굴을 어루만졌을 때 묻은 것"으로 보이는 핏자국도 남았다고 했다. 또한 칼로 공격한 깊고 잔혹한 상처가 배와 다리에 걸쳐 여럿 있었다. 그저 단순히 여러 번 칼을 휘둘렀다는 정도를 넘어서는 수준이었다.

조선 후기부터 불치병에 걸린 사람들이 신체기관 일부를 약으로 쓰기 위해 으슥한 곳에서 다른 이를 해친다는 풍문이 종종 돌았다. 예를 들어 『조선왕조실록』 1566년(명종 21) 2월 29일 기록을 보면, 당시 향락적인 생활을 즐기던 서울 양반들 사이에 증상이 심각한 성병이 돌았는데, 그러던 중 사람 쓸개가 약재라는 이야기가 퍼졌다고 한다. 그래서 종각 근처 노숙인들이 하나둘 공격당했고 나중에는 길거리에 더는 노숙인들이 보이지 않을 지경이 되었다고 적혀 있다. 이런 종류의 이야기는 계속 이어져 20세기 초까지 전해 내려왔다. 그 때문에 1956년의 이 사건 보도 초기부터 비슷한 의도로 피해자를 공격한 것이 아니냐는 추측이 실려 있을 정도다.

다행히 시신의 신원은 곧 밝혀졌다. 『동아일보』 10월 28일 기사를 따르면, 신분증이 그대로 남아 있었기 때문에 신원 확인이 빨랐던 것 같다. 피해자는 시신이 발견된 곳에서 멀지 않은 곳에 살던 17세 김씨였다. 그해 3월 서울 시내의 여자중학교를 졸업한 뒤 엄씨의 변호사 사무실에서 일하던 이였다. 『조선일보』 10월 27일 기사를 보면, 피해자는 고등학교 진학 계획이 있었지만 학비가 모자라 변호사 사무실에 취직했고, 퇴근 후에는 타이피스트typist 학원도 다녔다고 한다. 나름 직장에서 성장할 꿈을 꾸던 사람이었던 것 같다.

피해자가 보통 저녁 7시면 귀가하는 편이었다고 한다. 『동아일보』 10월 27일 기사에는 국립과학수사연구소의 분석 결과에 따라 피해자가 식사 후 30분 만에 피살되었기 때문에 피살 시각이 저녁 7시경이라는 추정이 소개되었다.

『동아일보』 10월 26일 기사에는 피해자 가족의 생각도 실려 있다. 피해자의 귀갓길에는 항상 7~8명의 동네 불량배들이 어슬렁거렸으며, 귀가 중인 피해자를 종종 놀리기도 했다고 한다. 이 기사에서는 그저 "놀렸다"고 표현되어 있지만 상황은 상당히 심각했던 것 같다. 귀가 시간이 너무 늦어지면 종로구의 친구 집에서 자고 오기도 했다는 이야기가 붙어 있기 때문이다. 피해자가 그들의 위협을 심각하게 여겨서 밤이 깊어지면 아예 귀가를 포기할 정도로 상황이 좋지 않았다는 뜻이다.

『동아일보』 10월 27일 기사를 보면, 사건 전날에도 피해자는 비슷한 이유로 친구 집에 머물렀다고 한다. 23일 밤을 종로구의 친구 집에서 잔 피해자는 24일 출근을 하지 않고 서대문구의 다른 친구 집에 가서 낮 시간 동안 놀았다. 10월 24일은 국제기구인 유엔의 창립일인데, 6·25전쟁 당시 유엔군의 도움을 받았던 한국에서는 한동안 이날을 '유엔데이United Nations Day'라고 부르며 공휴일로 기념하고 있었다. 1956년에도 이날은 공휴일이었으므로, 피해자가 24일 출근을 하지 않고 친구와 어울린 행적에 특별할 것은 없어 보인다. 이후 오후 5시경 마포구의 다른 친구 집에 가서 저녁을 먹었고 버스를 타고 귀갓길에 올랐다는 것까지가 확인되는 행적이다. 『조선일보』 10월 27일 기사에서는 피해자가 집 근처 버스 정류장에서 하차했다는 사실까지 언급했다.

범인이 편지를 보내다

경찰에서는 지나치게 잔인한 범행 수법 때문에 치정 관계로 인한 격분이 동기였을 것으로 추정해 수사에 착수한

보호받지 못한 피해자

한편, 가족들이 지목한 불량배들에 대해서도 동시에 수사를 진행했던 것 같다. 다만 가족들은 최초 보도에서부터 피해자가 이성 교제를 하지 않았다고 밝혔고,『조선일보』10월 27일 기사 역시 경찰들의 초기 조사에서 특별한 교제 관계는 파악되지 않았다고 언급했다.

그리하여 사건의 초점은 근처의 불량배들로 옮겨갔던 것 같다.『조선일보』10월 28일 기사에 따르면, 경찰은 사흘 동안 버스 정류장과 피해자의 집 사이에 출몰했던 불량배 40여 명을 수사했지만 특별한 결과를 얻지 못했다. 그나마 17세가량의 소년이 얼마 전 귀가 중인 피해자를 습격하려다가 주변 사람에게 발견되는 바람에 실패했다는 풍문을 입수했을 뿐이었다.

『동아일보』10월 28일 기사는 경찰의 추리를 다음과 같이 소개했다. 경찰은 범행의 잔혹함이 돌발적인 격정에서 유래했지만 살인 자체는 비계획적이었을 것이라고 짐작하면서도, 한편으로는 가해자가 피해자에게 계획적으로 접근한 것은 맞을 것이라고 추정했다. 가해자는 아마도 피해자와 안면 정도는 있었을 테지만, 피해자의 신분증 등 중요한 자료를 남겨두고 도망친 것으로 보아 살인 경험이 없는 초범자라고 추측한 것이다. 자칭 모 대학 재학생이 피해자를 두고 "오래전부터 사랑하고 사모해왔다", "사랑하는 사람의 피를 먹었다" 등 알 수 없는 말을 퍼뜨리고 다녀 그를 조사했다는 소식도 이 기사에 실려 있다. 하지만 그는 알리바이가 완전히 확인되어 석방되었다.

『동아일보』 11월 4일 기사는 25세의 최씨가 사람 피가 묻은 옷과 예리한 단도를 갖고 있었던데다가 피해자를 짝사랑했다는 게 밝혀져 조사받았다는 소식을 전하기도 했다. 최씨의 직업은 밀도살密屠殺 업자였다고 하는데, 당시 기사에서는 완곡어법으로 '형평衡平 사원'이라고 소개했다. 그러나 최씨의 알리바이 역시 곧 확인되었다.

『동아일보』 10월 31일 기사에는 이 사건을 조사하던 중 또 다른 여성 피해자들을 발견했다는 소식도 실렸다. 당시만 해도 나무를 베어 땔감으로 쓰던 시절인지라, 근처 동네의 여성 2명이 산에 나무하러 갔다가 남자들에게 습격당했다고 한다. 2명의 가해자를 찾아낸 경찰은 혹시 이들이 소나무밭 사건의 범인일지도 모른다는 가능성을 염두에 두고 조사했다고 한다. 그런데 조사 결과가 기사화되지 않은 것을 보면 이 역시 빗나간 추측이었던 것 같다.

『조선일보』 11월 1일 기사에는 칼을 들고 피 묻은 옷차림으로 목격된 적이 있던 미군 부대 종업원 김씨와 동네 어린이를 추행하기 위해 접근하던 불량배 이씨를 체포해 조사했다는 소식도 실렸다. 그러나 김씨는 어느 고등학생과 싸우다가 코피를 흘렸다고 밝혀졌고, 이씨도 소나무밭 사건에 관해 알리바이가 있었다.

市警에 怪편지 送達
搜査陣 嘲弄하는 眞犯?
「날 잡긴 하늘의 별따기」라고

問題의 弘恩洞
少女慘殺事件

범인으로 추정되는 자는 자신을 잡는 것은 "하늘의 별따기보다 어려운 일"이라는 내용이 담긴 편지를 보냈다.
(『경향신문』 1956년 11월 2일)

　그러던 중 『경향신문』 11월 2일 기사는 범인으로 추정되는 자가 경찰에 편지를 보냈다는 사실을 보도했다. 우편으로 도착한 편지의 발신인란에는 '서울 서대문'이라고만 적혔고, 흑감색 잉크로 쓴 그다지 달필이 아닌 필체로 대략 다음과 같은 내용이 쓰여 있었다고 한다.

　"황군, 살해 사건 수사에 얼마나 수고가 많나?(여기서 황군이란 당시 이 사건을 맡고 있던 황 수사과장을 지칭하는 말이다.) 범인은 ○○○이다. 나를 잡으려는 것은 꼭 하늘의 별 따기보다 어려운 일이니 나에 대한 수사는 중지하는 것이 좋다. 10월 30일 ○○○로부터."

경찰은 이 편지를 제법 진지하게 여겼던 것 같다. 『경향신문』 11월 3일 기사에 따르면, 경찰은 "탐정소설을 읽고 따라 한 것 같다"고 하면서도 이를 단순한 장난으로 치부할 수는 없어 필적 감정을 시작했다고 한다. 『경향신문』 12월 23일, 기자가 쓴 '1956 기자 수첩'이라는 글에 이 편지의 보도에 관한 뒷이야기도 실려 있다. 기자가 경찰서 책상에 놓여 있는 편지를 우연히 보고 이에 대해 묻자, 당시 수사과장이 "이 내용이 보도되면 막대한 지장이 있다"면서 간곡히 부탁하기에 "알았소"라고만 대꾸하고 그다음 날 그대로 신문에 내는 바람에 수사과장의 격분을 샀다는 내용이었다.

그 와중에 11월 9일, 연세대학교 건물 신축 공사 현장에서 일하던 임씨가 동료 김씨를 추행하려 했다가 말다툼을 벌였고 그러다가 도끼로 김씨를 격렬히 공격해 즉사시키고 이를 제지하려던 강씨에게 상처를 입힌 사건이 발생했다. 『조선일보』 11월 14일 기사에 따르면, 같은 경찰서 관내의 범죄인데다가 흉포한 범행 수법 때문에 혹시 소나무밭 사건과 연관 관계가 있을지 모른다는 생각을 수사진이 품고 있었던 것 같다. 그러나 임씨는 11월 13일 산속에서 시체로 발견되었다. 소나무, 싸리나무, 오리나무 등으로 자신의 모습을 애써 감추려 시도한 모양새였다. 왜, 어떻게 그런 모습으로 사망했는지는 명확하지 않지만, 어쨌든 그에게서는 아무런 정보를 얻을 수 없었다.

진술을 번복하다

사건 수사가 다시 진전된 것은 11월 말이 다 되어서였다. 11월 29일 소나무밭 사건의 진범이 체포되었다는 소식이 들렸다. 범인으로 지목된 인물은 이씨, 강씨, 권씨 세 사람이었다. 이씨는 해병대 복무 중 탈영해 징역 1년을 선고받고 인천형무소에서 복역하다가 그해 8·15 특사로 풀려났다. 강씨는 해병대 헌병으로 복무 중 뇌물을 받은 혐의로 마포형무소에서 복역하다가 6월에 출소했다. 마지막으로 권씨는 역시 해병대와 직간접적으로 관련이 있던 사람으로 추정된다.

보도 내용을 대략 요약하자면, 사건 당일 권씨의 집 또는 그 근처에서 세 사람이 어울려서 놀았는데, 그러던 중 평소 피해자에 대해 알고 있던 강씨가 범행을 처음 결심했으며 이씨가 범행에 동참했고 권씨는 도중에 도망쳤다고 되어 있다. 그런데 사건의 구체적인 사항에 대해서는 『동아일보』

기사와『경향신문』기사가 상당히 다르다.

『동아일보』11월 29일 기사에는 일당이 처음 피해자를 발견한 시각이 9시라고 되어 있다. 일단 처음의 범행 추정 시각과 맞지 않는다. 그리고 강씨와 이씨가 범행에 나섰으며, 권씨는 도주했다고 되어 있다. 두 사람은 피해자의 목을 공격한 다음, 피해자가 나중에라도 범행 사실을 알릴 것을 우려해 흉기로 살해했다고 한다. 시신이 발견된 소나무밭까지 옮겨간 경위에 대해서는 별다른 설명이 없다.

『경향신문』11월 29일 기사에는 처음 피해자를 발견한 시각을 8시라고 되어 있고, 이것도 범행 추정 시각과 맞지 않는다. 단, 피해자가 버스 정류장에 내린 후 얼마 지나 일당이 그를 발견했고, 강씨가 피해자 옆에서 따라 걷던 중 나머지가 합류해 보육원 근처에서 범행을 시작했다는 구체적인 묘사가 나와 있다. 먼저 피해자의 목을 공격했다는 내용은『동아일보』기사와 비슷하지만, 여기서는 강씨의 공격으로 이미 피해자가 사망에 이르렀다고 되어 있다. 이후 시체가 발견되지 않게 하기 위해 숲속으로 옮겼지만, 시신을 심하게 훼손한 이유에 대해서는 그저 '왜 그랬는지 자신들도 모르겠다'고 소개했다.

역시『조선일보』11월 29일 기사는『경향신문』기사와 비슷한 내용을 게재했는데, 수사 경위에 대한 정보가 실렸다는 게 차이점이다. 경찰은 사건 당일 어느 주점에서 해병대 복장의 괴한 세 사람이 술을 마셨다는 정보를 입수하고 그것을 단서로 추적을 시작했다고 한다. 범행 당시 사용했던 흉기는 마포에서 배를 타고 한강으로 나가 버렸다는 정보, 이씨가 입었던 군복 바지에 피가 묻어 경기도 고양의 어느 산에 버렸다는 정보, 이씨의 속내의에 핏자국이 남아 있어 국립과학수사연구소에 분석을 의뢰했다는 소식도 실렸다.

사건은 해결된 것처럼 보였다. 공을 세운 서대문경찰서의 대원을 한 계급 특진시키겠다는 보도가 나오기도 했다. 그런데 바로 다음 날부터 엉뚱한 이야기들이 불거져 나왔다. 우선 11월 30일, 이씨는 진술을 번복했다. 자신이 예전부터 피해자에게 관심을 갖고 있었고 사건을 혼자 저질렀다고 주장했다. 이는 강씨가 범행을 결심한 주범이라는 애초의 자백과는 시작부터 어긋난다.

『경향신문』 11월 30일 기사에 따르면, 이씨는 사건 당일 오전에 고모 집에 혼자 있었다. 권씨와 강씨는 사건과 관련이 없다는 식으로 주장했다. 『조선일보』 11월 30일 기사에서는 이씨가 범행을 시인한 반면 강씨와 권씨 두 사람은 범행을 부인한다는 기사가 실렸다. 서술의 어감은 다소 다르지만, 처음 알려진 이야기와는 다르게 강씨와 권씨 두 사람은 범죄와 관련 없다는 주장이 나왔다는 점은 『경향신문』 기사와 일치한다.

경찰 조사에서 이씨는 권씨와 강씨에게 "경찰 맛을 좀 보게" 해주고 싶었다는 이상한 주장을 하기도 했다.
(『동아일보』 1956년 12월 1일)

　　당황한 경찰은 10월 30일 경찰서에 도착했던 조롱조의 편지에 대해 다시 조사하기로 했다. 이씨, 강씨, 권씨 세 사람 중 편지를 쓴 사람이 있는지 확인하려 했던 것 같지만, 특별히 도움이 되지는 못했다.『동아일보』12월 1일 기사에서는 더욱 이상한 주장이 실렸다. 이씨는 권씨와 강씨의 평소 행실이 몹시 불량했기에 "경찰 맛을 좀 보게" 해주고 싶어서 괜히 조사 중에 두 사람을 끌어들였다는 이야기를 꺼냈다. 심지어 그는 사건 당일 자신의 범행에 대해서도 알리바이를 대기 시작했다.

이어진 보도를 살펴보면, 경찰의 난처한 처지가 드러난다. 경찰이 일당 세 사람을 진범으로 여겼던 가장 큰 이유는 이씨의 자백 때문이었다. 이씨가 시체가 발견된 정황에 부합하는 진술을 하면서 자신을 포함한 세 사람이 범인이라고 주장했기 때문에 그것을 믿고 경찰은 세 사람을 체포한 것이다. 그 외에 흉기 같은 명확한 물증은 찾기가 어려운 상황이었다. 부차적인 언급이 없는 것을 보면, 속내의의 핏자국 역시 제대로 분석할 수 없었던 것 같다. 그런데 그 상황에서 이씨가 진술을 번복하고 강씨와 권씨 두 사람은 처음부터 범행을 부인했다면, 더는 세 사람이 진범이라는 주장을 지속하기가 어렵다.

워낙 끔찍한 사건이었고, 범인이 편지로 당국을 조롱하기도 했으니 경찰은 이 사건을 중요하게 여기고 있었을 것이다. 그러다 마침내 사건이 해결되자 특진을 시키느니 어쩌느니 선전까지 했는데, 일이 이렇게 되어버리니 경찰로서는 당혹스러울 수밖에 없었다.

사형이 확정되다

그래서인지 경찰은 강씨와 권씨는 제외하고서라도 이 씨만은 범인일 거라는 태도를 고수했다. 이씨의 처음 자백 내용을 믿지도 않고 지금 주장을 믿지도 않지만, 그래도 이 씨가 진범이 맞는다는 주장을 펼친 것이다. 경찰로서는 이 씨의 주장을 그대로 믿지 않을 이유가 있었다. 기사에 따르면 이씨는 엉뚱한 소리를 하며 몇 차례 말을 바꾸었다고 되어 있는데다가, 『동아일보』 12월 2일 기사를 보면 이씨는 사건 당일 고양에 있었다고 알리바이를 주장했는데, 확인해 보니 그가 다른 장소에 있었다는 것이다.

경찰은 새롭게 재구성한 사건 정황을 다시 제시했다. 『경향신문』 12월 2일 기사에 따르면, 경찰은 이씨가 8월 24일부터 피해자에게 관심을 갖고 몇 차례 접근했으나 거절당하자 앙심을 품었다고 보았다. 이후 사건이 일어나기 사흘 전부터 아침마다 출근 시간에 버스 정류장에서 피해자의 동태를 살폈다고 한다. 사건 당일 이씨가 술을 마시고 다닌 장소도 확인했다고 되어 있다.

이씨가 피해자에게 관심을 가진 시점이 구체적으로 나와 있고, 버스 정류장에서 특정한 시간에 피해자와 같이 있었다는 내용이 담긴 것을 보면, 추가적인 조사 결과가 어느 정도 반영된 듯하다. 『조선일보』 12월 21일 기사에는 이씨가 피해자를 8월 21일 처음 버스 정류장에서 보았으며, 이후에도 피해자의 이름조차 알지 못했다가 신문 기사를 보고 처음 그 이름을 인지했다는 이야기도 실렸다.

결국 이씨, 강씨, 권씨 세 사람 중 이씨만이 기소되어 재판에 넘겨졌다. 『동아일보』 12월 7일 기사에는 현장 검증과 함께 부정할 수 없는 반증이 나타나자 이씨가 단독 범행이라고 자백했다고 한다. 곧이어 재판이 진행되었고 『조선일보』 1957년 3월 15일 기사에서는 재판 중에 변호사가 "관대한 처분을 바란다"고 했는데도 이씨는 "내가 그렇게 비참하게 피해자를 죽였으니 마땅히 나도 그와 같이 죽을 것을 각오하고 있다"고 말했다는 내용도 읽을 수 있다. 단, 이후의 보도를 모두 살펴보면, 경찰은 흉기나 피 묻은 옷 같은 구체적인 물증을 확인하는 데에는 결국 실패했던 것 같다.

이씨에 대한 대법원 판결은 사형으로 확정되었다. 그런데 몇 개월이 지난 1957년 11월, 신문에는 새로운 소식이 실렸다. 이씨가 자신은 진범이 아니며 범행을 자백한 것은 경찰의 고문 때문이었다고 주장하며 재심 신청을 하려고 했다는 것이다. 『동아일보』 11월 12일 기사에서는 심지어 이씨가 자신은 피해자를 본 적도 없다고 말했다는 내용까지 실렸다.

이씨는 자신이 황씨라는 병사의 특별 사면증을 입수해서 들고 다녔는데, 그 때문에 의심을 사서 처음 조사를 받게 되었고 그것이 계기가 되어 범인으로 몰리기 시작했다고 주장했다. 범행 당시 흉기였던 과도果刀를 훔쳤다고 경찰이 지목한 가게의 주인이 바뀌었으며, 전 주인의 소재가 알려지지 않아 과도의 절도 여부를 확인하지 못했다는 점, 자신은 사건 당일 임씨와 이씨라는 친구와 놀고 있었으며 저녁 8시까지 탁구장에서 탁구를 쳤다는 알리바이 등을 주장하기도 했다.

그 사실을 경찰에게 말했더니 경찰이 친구들까지 체포하는 것을 보고 두려운 마음에 친구와 함께 있지 않았다고 말을 바꾸었다는 게 그의 주장이었다. 자신의 전과나 군 복무 행적에 대해 경찰이 조사한 내용 중 틀린 점이 있다는 부분도 지적했다.

군 복무 행적에 대한 주장에는 경찰과 이씨 모두 조금씩 틀렸다는 것을 『동아일보』 11월 18일 기사에서 다시 밝히기는 했다. 또 이씨가 친구와 함께 놀았다는 알리바이에 대해서도, 그는 모 극장에서 영화 〈자유부인〉(1956년)을 보았다고 했는데 상영 일자가 일치하지 않는다는 점도 의심을 샀던 것 같다. 그러나 전체적인 맥락이 눈길을 끌었는지, 이 재심 신청은 상당히 고려해볼 만한 가치가 있는 것으로 주목받았다.

한국 재판 사상 희대의 오판

『조선일보』11월 12일 기사는 "사실일 경우 한국 재판 사상 희대의 오판이 될 것으로" 보인다고 언급했다. 이후 그의 재심 신청이 받아들여졌다는 보도는 보이지 않는다. 또한 이씨에 대한 다른 기사도 나타나지 않는 것을 보면, 결국 수감 중 사망했거나 사형당했을 가능성이 높아 보인다. 그 때문에 그가 마지막 순간 지적한 몇 가지 주장이 얼마나 사리에 맞는지 확인해볼 수 있는 근거는 찾기 어렵다. 경찰 수사과장에게 "황군"이라고 부르며 조롱한 편지를 보낸 사람이 정확히 누구였는지, 그 편지의 정체는 무엇인지, 경찰이 그 편지를 그저 장난으로 취급하지 않은 이유가 따로 있는지 등에 대해서도 알 수 있는 바가 없다.

정황에 따르면 이씨가 이 사건의 주범이 아니라고 할지라도, 피해자에게 어떤 범행을 저지른 가해자였을 가능성은 있어 보인다. 그의 진술 번복 중에는 행실이 나쁜 친구에게 "경찰 맛"을 보여주려고 했다거나, 친구에게 피해가 가는 것을 꺼려서 거짓 진술을 했다는 주장이 있는데, 이는 일관성이 떨어지므로 곧이곧대로 신뢰하기는 좀 어렵다. 사건과 직접 관련이 없는 자신의 전과에 관한 수사 오류를 지적했다는 것도 그가 무죄라는 사실을 입증하는 데에는 큰 도움이 안 되는 것 같다. 그에 비해 이씨가 피해자를 괴롭힌 여러 남자와 관련 있었다는 추측에 조금이나마 무게가 실린다.

그렇다고 해서 이씨가 진범이라는 수사 결과가 완벽하게 견고하다고 볼 수도 없다. 이씨는 경찰의 고문으로 사건 수사가 왜곡되었다고 주장했는데, 1950년대의 수사 사례를 돌아보면 불가능한 이야기만은 아니다. 이춘재 연쇄살인 사건이 진행되던 1988년에도 수사진이 엉뚱한 사람을 가해자로 몰아붙였던 과거에 견주어보면, 구체적으로 재심 신청을 시도한 이씨의 주장에 귀를 기울일 가치는 있다. 어쩌면 명백하고 확실하게 드러날 수도 있었던 진상이, 결론에만 천착해 무리한 수사를 벌였기 때문에 흐려진 것일지도

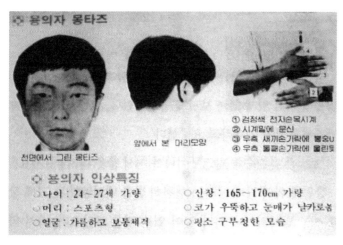

이씨는 경찰의 고문으로 거짓 진술을 했기 때문에 자신은 범인이 아니라고 주장했다. 1988년 이춘재 연쇄살인 사건 당시 경찰이 만들었던 용의자 몽타주.

　보호받지 못한 피해자

모를 일이다.

한 가지 확실한 사실은, 사회가 구성원들을 제대로 보호할 수 있는 문화와 능력을 갖추지 못하면 약자들부터 희생당한다는 사실이 아주 분명하게 드러난 사건이었다는 점이다. 1950년대 후반, 도시의 사회적 약자였던 17세 여성이 죽음을 맞기 전까지 그 주변에 나타났던 위협은 지긋지긋할 정도로 갖가지 방향에서 계속해서 이어졌다. 그런 상황이 몇 날, 몇 달간 이어지는 와중에도 치안 당국이 결국 피해자를 보호하지 못했다는 점은 사건 수사 과정에서 보인 미흡함보다도 더욱 부끄러워해야 할 문제일 것이다.

그뿐만 아니라, 이러한 문제를 적극적으로 제기하지 못한 언론 역시 자유로울 수 없다는 생각이 든다. 당시 언론은 왜 사회적 약자인 여성이 범죄의 위협에 노출되어 있는지를 분석하고자 노력하기보다는, 시체의 어느 부위에 어떤 칼자국이 났는지를 묘사하는 데 더 힘을 쏟았다.

사건이 일어난 지 60여 년이 지난 지금, 그날의 사건 현장은 완전히 변해 서울의 여느 다른 지역처럼 아스팔트 도로와 아파트 단지가 가득한 곳이 되어 있다. 보육원도 소나무밭도 그 흔적조차 찾기 어렵다. 적어도 그 모습이 바뀐 만큼은 사회의 문화도 같이 바뀌었기를 바란다.

009

명동의 보물을 찾아라

4개국의 공동선언을 수락하다

1945년 8월 15일 12시, 당시 일본의 군주였던 미치노미야 히로히토迪宮裕仁의 육성이 담긴 녹음이 일본 열도와 한반도 전역에 방송되었다. 전근대 군주 국가에서는 흔히 임금의 목소리를 두고 높이 떠받드는 표현을 사용하기 때문에, 임금의 목소리가 직접 방송에 나왔다고 해서 '옥음 방송玉音放送'이라고 부른다는 그 라디오 방송이다.

이 방송의 요점은 "미국, 영국, 중국, 소련 4개국의 공동선언을 수락한다"는 것이었다. 이렇게만 말하면 무슨 뜻인지 금방 알기 어렵다. 당시는 제2차 세계대전이 끝나가던 무렵이고 미국, 영국, 중국, 소련은 제2차 세계대전의 연합군으로 일본과 전쟁을 벌이는 상대방이었다. 당시 연합군 쪽에서 발표한 최근의 선언은 포츠담 선언이었으므로, 결국 "일본의 임금이 포츠담 선언을 수락한다"는 의미였다. 포츠담 선언의 마지막 문장은 이러하다.

"일본군은 무조건 항복을 선언하고, 이에 대해 일본 정부는 신의 있는 적절한 보장을 하라. 그 이외의 대안은 일본의 즉각적이고 완전한 파멸이다."

그러므로 방송의 핵심인 "미국, 영국, 중국, 소련 4개국의 공동선언을 수락한다"는 말은 일본이 무조건 항복한다는 뜻으로 볼 수 있다. 패배나 항복이라는 단어를 쓰지 않고 이리저리 빙빙 돌려서 이야기했지만, 조건 없이 항복하며 모든 처분을 포츠담 선언에서 제시한 연합군의 합의 내용에 맡긴다는 것이다.

이 포츠담 선언의 8항에 따르면 '카이로 선언'이 이행될 것이라고 했는데, 이 카이로 선언에는 한국을 '적당한 시기相當時期'에 자유 독립국으로 만든다는 내용이 포함되었다. 또한 포츠담 선언 자체에도 일본의 영토를 혼슈, 홋카이도, 규슈, 시코쿠와 연합군이 정하는 부속도서로 한정한다는 표현이 들어 있다. 그런데 한반도는 섬이 아니므로 어떻게 보아도 이 기준에는 포함되지 않는다. 따라서 포츠담 선언이 이행될 경우, 한반도는 더는 일본 영토가 아니라는 의미는 확실해진다. 그러므로 이때 한국의 광복은 확정되었고 지금

일본은 제2차 세계대전의 패배를 인정하고, 포츠담 선언을 수락한다고 발표했다. 1945년 9월 2일, 미국의 미주리호에서 일본의 대표 시게미쓰 마모루重光葵 외무대신이 항복 문서에 서명하고 있다.

도 대한민국에서는 8월 15일을 광복절로 기념하고 있다.

반대로 1945년 무렵 한반도에 거주하고 있던 일본인들에게 이 상황은 대단히 혼란스러웠다. 그 숫자는 70만 명 이상으로 추산되는데, 일제강점기 통치의 특성상 이들 중 적지 않은 수가 한반도의 경제와 정치를 장악해 상류층을 이루고 있었다. 그런데 더는 일본이 한반도의 주인이 아니라는 사실이 명백해졌으므로 이들의 신분은 하루아침에 역전당해버린 것이다.

명동의 보물을 찾아라

8월 15일 당일은 오히려 잠잠하게 넘어갔다는 게 당시를 기억하는 사람들의 중론이기는 하다. 라디오가 많이 보급되어 있지도 않았고 방송 내용 자체도 알아듣기 어려운 궁중 말투로 빙빙 돌려 언급하는 것이었기 때문에 상황을 정확히 이해할 수 있는 사람이 많지 않았다. 그렇지만 하루가 지나 8월 16일이 되자 일본은 망했고 한반도는 독립한다는 사실이 사람들 사이에 빠르게 퍼져나가기 시작했다. 임의로 태극기를 만들어서 내거는 이들이 나타나는가 하면, 광장이나 거리에 바뀐 세상을 즐기려는 한국인들의 행렬이 등장했다.

이때 한반도 거주 일본인들은 굉장한 위기감을 느꼈던 것 같다. 이연식의『조선을 떠나며: 1945년 패전을 맞은 일본인들의 최후』에 따르면, 당시 일본인들 중에는 "우리가 사는 곳에 조선인들이 이렇게나 많았구나"라면서 깜짝 놀라는 이가 있었다고 한다. 일본인 거주지에서 일본인들끼리만 같이 모여 오랫동안 경제적으로 상류층을 이루고 살다 보니, 정작 한반도에 살면서도 그곳에 원래부터 살던 한국인들의 모습을 접할 기회가 별로 없었던 것이다. 어쩌면 종종 한국인과 마주치더라도 자신과는 별 상관이 없는 사람들이라고 여겨 신경 쓰지 않았는데, 세상이 바뀐 뒤 이제 한반도의 주인이 된 한국인들의 모습이 새삼 다르게 보여서 유독 그들의 숫자가 많다고 느낀 것 같다.

일본인들이 숨겨둔 금괴

당연히 일본 정부 고위층과 가까운 일본인일수록 가능한 한 빠르게 재산을 정리해 일본으로 도주하려고 했다. 일본인들이 팔기 위해 내어놓은 물자들이 갑자기 한반도 내 시장 곳곳에 나타났고, 그 와중에 싼값에 좋은 물건들을 싹쓸이로 사들이는 한국인 업자들이 횡행했다.

결국 얼마 지나지 않아 한반도에 살던 일본인의 재산에 대한 사실상의 동결 조치가 시행되었다. 일본인들이 한반도에서 모아놓은 재산은 일본이 한반도를 강제로 지배하는 과정에서 직간접적으로 획득한 것이므로, 광복이 이루어진 이상 그것을 일본으로 가져갈 수 없다는 뜻이었다. 공식적으로는 1945년 9월 25일 공포된 미군의 법령에 따라 일본인들은 한반도에서 재산을 처분하기 어렵게 되었다. 게다가 일본으로 돌아가는 일본인들이 소지할 수 있는 금액이 제한되었으므로, 한반도에서 아무리 많은 재산을 갖고 있었다 한들 대부분 그대로 두고 떠나는 수밖에 없었다.

일부 일본인들은 법령으로 제한된 것 이상의 재산을 몰래 챙겨 밀항선으로 도주하고자 했다. 밀항선이 안전하고 쾌적한 곳일 리가 없으니 온갖 이상한 이야기들도 같이 돌았다. 바다를 건너는 와중에 사고를 당해 허무하게 목숨을 잃는 사람들의 사연이라든가, 밀항을 도와주겠다고 접근했다가 오히려 사기를 쳐서 재산을 빼앗는 이야기, 심지어 부산 앞바다에서 일본으로 빠져나가는 밀항선을 공격하는 해적들이 다수 출현했다는 말까지 돌았다. 재산을 챙겨 밀항하는 처지에서는 관공서에 신고조차 할 수 없으니 해적에게는 손쉬운 공격 목표였을 것이다.

그리고 20세기 내내 갖가지 무수한 소문을 낳은 또 다른 유형의 이야깃거리도 같이 등장한다. 막대한 재산이 있지만 오도 가도 못하게 된 어느 일본인 부자가 언젠가 세상이 다시 바뀌면 돌아와 되찾을 생각을 하면서 그 재산을 은닉했다는 부류의 소문 말이다.

이런 식의 이야기는 20세기 내내 굉장히 인기 있는 소재였다. 방향이 좀 다르기는 하지만, 실제로 어느 날 갑자기 일본인이 남기고 떠난 재산 덕분에 큰 기회를 얻은 사람이 적지 않았다. 예를 들어 화약을 판매하는 일본인 기업의 주인이 없어지자, 정부에서는 한국인 중 적당한 자격을 가진 사람을 선정해 이 회사를 넘겼다. 이런 조치는 이후 그 사람이 화약 관련 사업으로 성공하는 데 큰 바탕이 된다. 일본인이 소유한 옷감 제조 공장을 넘겨받은 사람이 그 공장을 발판으로 해서 자신의 회사를 더 크게 키웠다는 식의 이야기도 유명하다. 이렇게 정부가 일본인의 재산을 공식적으로 한국인에게 넘긴 것을 한국의 적, 즉 일본이 남긴 재산을 처분했다고 해서 적산불하敵産拂下라고 부른다. 유서 깊은 한국

의 대기업들 중에는 적산불하를 기회로 성공한 경우가 종종
있다.

일본인이 남긴 재산을 얻어내는 합법적인 사례가 눈에
뻔히 보이는 시대였으니, 사람들 사이에서는 좀더 호기심을
돋울 만한 소문이 돌기 마련이었다. 예를 들어 산속 깊은 곳
어느 골짜기에 일본인 부자가 숨겨둔 보물 상자라든가, 어
떤 표식이 있는 바위 아래에 숨겨진 지체 높은 일본인의 보
석 목걸이 등에 관한 소문이 유행했다.

이런 이야기는 제법 긴 시간 동안 떠돌며 오랫동안 살
아남았다. 예를 들어 이용민 감독의 영화 〈공포의 이중인간〉
(1975년)의 주인공은 일본인이 남긴 보물의 위치를 알고 있
던 어느 망자를 되살릴 기술을 개발하는 과학자다. 시체를
되살리는 기술이 있다면 그냥 그 기술만으로도 어지간한 보
물보다 훨씬 더 값진 텐데, 당시의 영화 제작진은 어떻게든
일본인이 숨겨둔 보물 이야기와 연결해야 더 재미있는 시나
리오가 된다고 생각해서 그런 식으로 이야기를 꾸민 듯하다.
하기야 이런 부류의 이야기 중 일부는 긴 세월이 지나 21세
기까지 살아남기도 했다. 대표적인 예로 2012년 대통령 선
거 당시에 어느 후보가 사실은 일본인들이 모처의 지하에
숨겨둔 금괴 200톤을 차지한 사람이라는 엉뚱한 소문이 돈
적이 있었다.

1961년 가을의 보물찾기

수많은 소문 중에 제법 진지하게 실제로 보물찾기에 나선 사람을 꼽아보라면, 1961년 가을의 화제였던 48세의 남녀, 김씨와 이씨에 대해 말하고 싶다. 두 사람의 이야기가 처음 본격적으로 세상에 알려지기 시작한 것은 1961년 9월의 일이다. 그들이 보물이 묻혔다는 곳을 파보는 공사를 하겠다며 관계 관청에 허가서를 제출했다는 사실이 언론을 통해 밝혀졌다.

『조선일보』 1961년 9월 22~23일 기사에 따르면, 여성인 이씨와 남성인 김씨는 모두 서울 용산구에 거주했다. 육촌간이었던 두 사람은 부산에 사는 사람에게서 보물에 대한 정보를 얻었다고 하는데, 앞뒤 정황을 보면 부산 사람이 요청한 탐사를 수행하기만 하는 하수인들은 아니었던 듯싶다. 이 부산 사람은 나중에 강씨로 밝혀진다. 이씨, 김씨, 강씨 세 사람이 동업자로서 보물찾기 사업을 벌였던 것인지, 아니면 강씨는 정보만 전달하고 나머지 두 사람이 보물 발굴에 소요되는 비용을 대거나 당국의 허가를 받아내는 역할을 맡기로 약조하고 협력한 것인지는 분명하지 않다.

이 이야기가 정말로 재미있어지는 대목은 보물이 묻혀 있는 장소가 의외라는 점이다. 보통은 사람이 찾아가기 어려운 외딴섬이라든가 깊은 산속, 특별한 지도가 없다면 도저히 탐색이 불가능한 숲 한가운데에 보물이 묻혀 있다는 식이다. 보물이란 쉽게 손에 넣기 어려워야 스토리가 만들어지기 마련이고, 그렇다면 인적이 드문 곳에 숨겨져 있어야 말이 된다고 생각하기 때문일 것이다. 그런데 1961년 가을의 보물찾기에서 보물이 숨겨진 곳은 서울 '명동'이었다.

인적이 드물기는커녕 서울 도심 한복판, 전국 그 어디보다 사람이 많이 지나다니는 곳에 보물이 숨겨져 있다는 말이었다. 하루에도 수만 명, 수십 만 명의 사람이 지나다니는 곳이지만 그들 중 누구도 바로 자기 발밑에 막대한 양의 보물이 있다는 사실은 상상도 못하고 있었다. 누구나 한 번쯤 지나쳤던, 너무나 친숙한 거리 어딘가에 보물이 숨겨져 있다는 이야기에 사람들의 관심이 집중되었다.

명동은 본래 조선시대에 명례동明禮洞이라고 불리던 곳으로, 예전부터 사람들이 많이 모여 사는 동네이기는 했지만 그렇다고 해서 번화가라거나 최고의 상업 중심지라고 할 수 있는 지역은 아니었다. 그러다가 대한제국 시기 이웃 충무로 지역에 일본인 거주 지역이 자리 잡으면서 그와 가까운 명례동 구역도 덩달아 개편되었고, 동네의 성격이 빠르게 변모했다.

일제강점기에는 일본 근대화 시기의 연호이자 군주의 호칭인 메이지明治에서 따온 '메이지초明治町'라는 이름이 붙으며 그 일대가 급속도로 성장했다. 지금과 비슷하게 상업,

명동의 보물을 찾아라

금융, 유행의 중심지인 번화가로 발전한 것도 그 무렵이다. 당시 한국인들도 메이지초의 한자 표기를 한국식으로 읽어서 명동 지역을 '명치정'이라고 불렀고, 보물찾기가 언론의 관심을 끌었던 1961년이라면 광복 이후 16년밖에 지나지 않았기 때문에 그 이름을 많이 기억하고 있었을 것이다.

일본인 거주 구역 근처에서 출발해 일제강점기에 번화가로 성장한, 일본의 임금 이름이 붙었던 거리에 일본인이 보물을 숨겨두었다는 이야기는 그럴듯하게 들린다. 객관적으로 생각해보아도, 일본인들이 장악한 상업 중심지가 있었는데 거기서 급하게 빠져나갔다면 그중에는 분명 귀중품을 허둥지둥 감춰둔 사람들이 어느 정도 있을 법하다. 행복의 파랑새는 바로 우리 곁에 있었다는 동화도 있지 않았던가. 일본인의 보물이라면 아무도 찾지 않는 머나먼 산골짜기보다는 그들이 모여 살았던 바로 그 중심지에 감춰져 있다는 가능성을 높게 볼 만하다.

허점이 없지는 않았다. 광복 후 일본인들의 집과 가게를 차지한 한국인들이 가장 먼저 그 보물을 찾았을 수도 있다. 아니면 10년 이상의 세월이 지나면서 숨겨진 보물의 흔적을 찾아내거나 그 보물에 대한 소문을 가장 먼저 듣게 되는 건 명동 사람들이었어야 한다. 그런데 명동에서는 아무도 모르던 보물에 대해, 부산에서 정보를 얻었다고 하는 사람들이 나타나니 좀 이상하게 들린다.

일제강점기에 번화가로 성장한 '명동'에 보물이 숨겨져 있다는 이야기는 많은 사람의 호기심을 자극하기에 충분했다. (『동아일보』 1961년 9월 26일)

이 문제에 대해서도 그럴듯한 답변이 마련되어 있었다. 대한민국은 광복 후 바로 평화를 얻어 아무 탈 없이 성장한 나라가 아니었다. 광복 후 얼마 지나지 않은 1950년에 6·25전쟁이라는 커다란 사건을 겪었고, 명동의 곳곳은 격렬한 전투 과정에서 파괴되고 훼손되었다. 그러니 광복 무렵 일본인이 명동 어딘가에 보물을 숨겼지만, 불과 5년 후에 일어난 전쟁 때문에 주변 풍경이 완전히 바뀌어버린 것이다. 실제로『동아일보』1961년 9월 26일 기사를 보면,

보물이 묻혀 있다는 지역이 6·25전쟁 당시 파괴된 구역이라는 언급이 눈에 띈다.

이 사연은 『동아일보』 9월 26일 기사가 상세한 편이다. 이 기사에 따르면, 보물에 대한 정보를 알려주었다는 강씨는 경상남도 양산에서 살던 사람으로 일본을 오가며 물건을 사고파는 일에 종사했다. 직업 때문에 일본인들과 어울릴 기회가 종종 있었는데, 당시 표현으로 단기 4292년, 즉 1959년 부산 시내에서 한 일본인과 만났다고 한다.

『경향신문』 9월 26일 기사에 따르면, 원래 강씨는 광복 전에는 만주 지역에 살았고 그때 오씨와 친하게 어울렸다고 한다. 광복 후 강씨는 한국으로 넘어왔고 오씨는 일본으로 건너갔지만, 강씨의 직업 때문에 그 후에도 두 사람은 종종 연락하며 지낼 수 있었던 것 같다. 그러다가 1958년 말 또는 1959년 초 무렵에 오씨가 강씨에게 전화를 걸어, 자신이 지금 마산에 머물고 있다고 했다. 전화를 받은 강씨는 오씨를 만나러 갔는데, 그때 오씨가 아마 이런 식의 부탁을 했던 것 같다.

"내가 잘 아는 일본인 형님이 있는데, 서울 구경 좀 시켜주면 어떻겠어?"

당시는 1965년 한일 국교 정상화보다 몇 년 앞선 시기였으므로, 입국 허가를 받지 않은 일본인이 한국에 와서 자유롭게 돌아다니기가 쉽지 않았다. 아마 오씨가 소개해준 그 일본인 역시 합법적으로 한국에 왔다기보다는 밀항선을 탄 사람이 아니었을까 추측하게 된다. 그랬기 때문에 강씨에게 그 일본인의 서울 방문을 도와달라고 은밀히 부탁했을 것이다. 강씨는 일본인을 데리고 다니다가 조사를 받는다면 위법으로 체포될 수도 있다고 생각하고 오씨의 부탁을 거절한다. 그러자 오씨가 "그럼 내가 한국에서 하고 싶었던 일을 맡아달라"고 했다는 것이다.

보물 지도를 손에 쥐다

제2차 세계대전 말기, 지금의 명동 인근에 거주하던 일본인 3명은 일본이 곧 망할지도 모른다는 생각에 빠졌다. 『동아일보』 9월 26일 기사에 따르면, 그 세 사람은 택시 회사에 근무하던 다케나카竹中, 경방단장警防團長이라는 사람, 강씨가 만났던 수수께끼의 일본인이었던 것 같다. 한편 같은 날 『경향신문』 기사를 보면, 보물을 숨겨놓은 세 사람을 다케나카·경방단장과 함께 보석상을 하던 이씨라고도 소개한다. 보물찾기에 보석상이 참여한다는 건 자연스럽지만, 성이 '이李'라는 점에 비추어 한국인으로 보인다. 두 기사 중 한쪽이 잘못된 정보였을 가능성도 있고, 아니면 이씨가 한국 출신이지만 사정상 일본에서 살기로 결심한 사람일 수

명동의 보물을 찾아라

도 있다.

여기에 등장하는 '경방단'이란 지금의 민방위대와 비슷한 민간인 조직이며 시민 대피나 화재 진압 등의 임무를 돕던 곳이다. 그런 조직의 단장이라면 아마 군사 정보나 전쟁 소식에 조금은 밝았던 인물이었을 가능성도 있을 것이다. 제2차 세계대전 말기, 소련군은 광복 전인 8월 초에 이미 한반도의 함경북도 지역으로 진입한 상태였다. 상상해보자면, 그런 소식을 전해 듣고 이대로라면 일본이 항복하지 않더라도 곧 서울 지역까지 소련군이 들어올 수 있다는 예상을 했을지도 모른다. 그렇다면 무언가 재산을 옮길 방법을 찾아야 한다고 판단했을 것이다.

전해진 바에 따르면, 세 사람은 자신들의 재산을 간편하게 소지할 수 있는 값비싼 귀금속과 보석으로 바꾸었다. 기사에서는 금, 백금, 진주, 사파이어, 다이아몬드 같은 이름들이 반복해서 자주 언급되었다. 그 물량과 가치도 상당히 구체적이었던 것 같다. 『경향신문』 9월 26일 기사에서는 4억 5,000만 환 상당이라는 추정 액수를 언급했다. 이 정도 금액이면 지금 가치로는 대략 20억 원이다. 금이나 백금 같은 귀금속의 가치는 좀더 빨리 상승했다는 점을 감안한다면 이 보물은 20억 원 이상의 가치를 갖는다고 보아도 될 듯싶다.

세 사람은 결국 보물과 함께 일본으로 탈출할 방법을 찾지 못했다. 그래서 기회가 오면 다시 명동으로 돌아와 파낼 것을 꿈꾸며, 건물 지하에 딸려 있던 방공호 구석에 그 보물을 묻었다고 한다. 제2차 세계대전 당시 미군의 폭격에 심하게 시달리던 일본군은 방공호 설치를 권장했기 때문에, 일제강점기 서울 명동의 일본인 지역 건물에 지하 방공호가 건설되어 있었다는 것도 있음직한 일이다.

얼마 후 광복이 이루어졌고, 세 사람은 보물 없이 일본으로 빠져나갔다. 그 후 세월이 흐르며 셋 중 다케나카와 경방단장은 세상을 떠났고 한 사람만 남았다. 그가 보물을 찾으러 몰래 한국에 잠입하려다 한계를 느껴 이 모든 사실을 털어놓았다는 것이 보물찾기 일행이 밝힌 전모였다.

이 일본인은 강씨에게 보물을 묻어둔 위치를 표시해주었다고 한다. 그렇다면 일종의 보물 지도가 강씨 손에 들어왔다고 보아도 될 것이다. 강씨는 명동으로 향했고 보물 지도에 표시된 장소 근처를 찾아가보았지만, 이미 그 장소는 다른 사람의 땅이 되었다. 그 땅을 사거나 빌릴 만한 형편도 되지 않아 난감했을 것이다.

그러던 중 아마 사업 관계로 알고 지내던 것으로 보이는 이씨에게 이 사실을 공유하며 도움을 구했고, 그 때문에 이씨가 친척 김씨와 함께 보물찾기 사업을 진행하게 되었다. 『동아일보』 9월 26일 기사에 따르면, 김씨는 전직 남대문경찰서 형사였다고 하는데, 그런 신분 때문에 보물 발굴에 필요한 여러 관계 기관의 동의와 허가를 받기가 수월했지 않았을까 싶다.

　보물이 묻혀 있다는 장소에는 광복 후 기초를 콘크리트로 만든 1층짜리 벽돌집이 새로 건설되었다고 한다. 그리고 그 벽돌집은 6·25전쟁 중에 상당 부분 파괴되었던 것으로 추측되며, 김씨가 사들인 후 헐어서 1961년 시점에서는 거의 공터나 다름없었다. 이후 보도에 따르면 땅 주인이 김씨라고 되어 있는 기사도 있으므로, 소유주가 한 번 더 바뀌었던 것 같다. 이씨와 김씨는 우선 땅 주인을 설득해 공디를 파헤친다는 데 대한 협조를 구했고, 한편으로는 관계 당국에 정식으로 요청해 보물 발굴 허가를 얻었을 것이다.『경향신문』9월 27일 기사를 보면, 이런 준비 과정에 약 4개월이 소요되었다고 한다.

　땅속에 묻혀 있는 것이 정말로 일본인들이 남긴 보물이라면, 이 보물 역시 적산으로 취급되어 대한민국 정부의 소유가 된다. 당시 법령에 따르면 이런 식으로 발견된 남의 물건은 최대 50퍼센트를 발견자의 몫으로 나누어줄 수도 있다는 기사도 보인다. 그렇다면 보물찾기 일행은 일정 비율의 금액을 자신들의 몫으로 받을 수 있다는 결론을 내리고 공식적으로 공사에 착수했을 것이다.

　땅을 파기로 한 날짜는 9월 26일이었다. 이러한 계획이 신문을 통해 알려지면서 사람들의 관심은 점차 높아졌다.『조선일보』9월 23일 기사를 보면, 만약을 대비해 그 장

지금 화폐가치로 20억 원 이상의 가치가 있는 보물이 나온다면, 세 사람은 일정 비율의 금액을 자신들의 몫으로 받을 수 있다고 결론 내렸다. (『조선일보』 1961년 9월 22일)

소에 경찰을 보내 엄중히 경비하라는 지시가 내려졌다는 소식도 눈에 띈다. 혹시 누군가 잠입해서 몰래 보물을 파낼지도 모른다고 걱정했기 때문이다.

한편 『조선일보』 기사에서는 보물찾기 일행이 주위를 탐문하던 중, 문제의 건물 바로 옆집에서 일제강점기에 점원 생활을 했다는 사람을 만났다는 이야기도 함께 실려 있다. 그는 가토加藤라는 일본 사람이 경영하는 가게에서 일했는데, 옆집에 자주 들락거렸기 때문에 그 집 구조를 잘 알고 있었다고 한다. 이 기사에는 그가 그 집에서 방공호를 보았다는 말도 실려 있다. 아마도 그가 설명하는 과거 집 구조가 강씨를 통해 파악한 보물 지도의 설명과 어느 정도 유사했을 것 같다.

그런저런 과정을 거치며 보물을 찾을 수 있다는 기대는 더욱 높아졌을 것이고, 사람들의 관심도 함께 커졌을 것이다. 심지어 이씨가 얼마 전 큰 돼지꿈을 꾸었다는 이야기, 친척이 물꿈을 꾸었다는 이야기, 만나는 역술인이나 관상쟁이들마다 "횡재를 할 거다"고 했다는 이야기까지 신문에 실렸다. 반대로 『조선일보』 9월 24일 기사에는 문제의 부지 인근에서 중국 음식점을 하던 담씨가 "사람들이 집의 위치를 조금씩 잘못 알고 있다"는 의견을 피력했다는 이론異論의 보도가 나오기도 했다.

보물 상자는 없었다

1961년 9월 26일, 아침 9시 30분에 결국 공사가 시작되었다. 1945년 8월 정말로 그곳에 보물을 묻어두었다면 16년 만의 일이었다. 당국에서는 공사 기한을 30시간만 허락해주었으므로 일행은 부지런히 작업을 진행해야 했다.

20여 명의 작업자가 땅을 파기 시작했고, 당국 직원들도 작업 광경을 살폈다. 만약의 혼란을 대비해서 경찰관 10여 명도 배치되었다고 하며, 무슨 이유인지 중앙정보부 직원이 와서 지켜보려고 했다는 언급도 보인다.

『경향신문』 9월 26일 기사에 따르면, 그 외에도 수백 명의 구경꾼이 몰렸다고 하는데, 본래 행인이 많은 명동 거리니 그럴 만한 일이었다. 『조선일보』 기사에 따르면, 작업 직전 일행은 간단히 제사를 지냈다고 하는데, 여기에 참여한 사람으로는 이씨와 김씨, 처음 정보를 건넨 강씨 외에도 안씨라는 이름도 보인다. 보물찾기 이야기가 알려지면서 나중에 합류한 투자자였을까?

오후 2시경, 작업자들은 지하에서 방공호를 찾아내는 데 성공했다. 그 근처에서 일본 청주병을 발견했다. 일행은 이제 곧 금과 다이아몬드가 들어찬 보물 상자가 나타날 것이라는 기대에 부풀었다. 그러나 그것이 끝이었다.

작업은 그날 밤 11시까지 계속되었지만, 보물을 찾을 수는 없었다. 깨진 그릇 조각 몇 개가 더 나올 뿐이었다고 한다. 그때까지 땅을 파고 들어간 깊이는 3미터 60센티미터였다. 『경향신문』 9월 27일 기사에서는 강씨가 작업 포기를 결심한 후 "쥐구멍이라도 있으면 들어가고 싶습니다. 이런 망신이 어디 있죠?"라고 말했다고 되어 있다. 그러면서도, 그래도 지난 7년 동안의 궁금증은 사라지게 되어 후련하다고도 했다. 신기한 소문에 관심을 가졌던 구경꾼들은 아쉬웠던지 "기왕 파보는 것 좀더 파봐야 하는 것 아닌가요?"라고 참견하며 좀체 떠나려 하지 않았다고 한다. 이후, 근처 다른 곳을 다시 파볼 생각도 있다는 기사가 실린 적도 있다. 그렇지만, 실제로 작업이 다시 진행되지는 않은 것 같다.

과연 이씨, 김씨, 강씨 세 사람은 보물이 묻혀 있다는 사실을 얼마나 굳게 믿고 있었을까? 강씨가 만났다던 수수께끼의 일본인은 보물을 감추었던 사람이 맞았을까? 일본인과 강씨를 연결해준 오씨의 말은 어디까지 진실일까? 누군가 어느 시점에서 거짓말을 했다면 왜 거짓말을 했고, 진실은 무엇이었을까?

지금에 와서야 정확히 알 수 있는 사실은 없다. 남의 땅에 찾아와 힘들게 파헤치는 일을 주도했던 두 사람, 이씨와 김씨는 최소한 어느 시점까지는 보물찾기에 진지했을 것이다. 하지만 보물이 애초부터 없었던 것은 아닌지, 있었다고 하더라도 새로 건물을 지으며 콘크리트로 기초를 다지거나 다른 공사를 하는 과정에서 부서져버린 것은 아닌지 모를 일이다. 어쩌면 정말로 아주 약간의 차이로 빗나간 위치에 보물이 여전히 묻혀 있고, 수십만 명의 시민이 오가는 명동 거리 아래에 아직도 그대로 남아 있을까?

60여 년의 세월이 다시금 흐른 지금, 보물찾기 일행이 흙을 파냈던 자리에는 근사한 옷 가게가 입점한 큼지막한 건물이 들어섰다. 보물이 있든 없든 60여 년 동안 명동의 땅값은 무섭게 상승해 지금은 1제곱미터 넓이의 가격이 무려 1억 원을 훌쩍 넘게 되었다. 그 때문에 그 자리에 들어선 건물의 가격은 이미 100억 원을 초과할 것으로 보인다. 그러니 고작 20억 원 가치의 보물을 위해 건물을 포기하고 그 지하를 파 내려갈 사람은 당분간 다시 나타나지 않을 듯하다.

010

을지로의 폴터가이스트

도깨비 혹은 도깨비집 사건

'폴터가이스트poltergeist'라는 독일어 단어는 '시끄럽
게 하다poltern'와 '혼령geist'의 합성어로, 보통은 집 안에서
접시나 장난감 따위가 이유 없이 떨어지거나 의자나 가구가
저절로 움직이는 것 같은 이상한 현상을 일컫는 말이다. 집
에 귀신이 들려서 이런 일이 발생한다는 식의 이야기가 따
라붙기도 하는데, 한국에서는 〈폴터가이스트〉(1982년)라는
할리우드 영화 때문에 이 단어에 익숙한 사람이 많지 않을
까 싶다. 이 영화를 본 적 없는 사람들 중에서도 어린아이가
괴이하게 빛나는 텔레비전 화면에 손을 얹고 있는 포스터를
기억하는 관객은 적지 않을 것이다.

독일이나 미국뿐만 아니라 조선시대에도 이런 유의 이야기가 적잖이 있었다. 예를 들어 조선 초기의 이야기책인 성현成俔의 『용재총화慵齋叢話』에는 기유奇裕라는 사람이 사는 집에서 눈에 보이지 않는 무언가가 갑자기 밥상을 뒤엎어버리거나 가마솥을 공중으로 튀어오르게 했다는 사연이 실렸다. 특이하게도 심어놓은 채소가 뽑혀 다시 거꾸로 처박혀 있었다는 점이 무서운 현상의 예시로 기록되기도 했다. 집 근처에서 항상 텃밭을 가꾸던 조선시대의 토속적인 풍경을 간접적으로 엿볼 수 있어 기억에 남는 일화다.

한국에서 이런 현상이 벌어지는 집을 도깨비집이라고 부르기도 했는데, 도깨비를 두려워하지 않고 용감하게 버텨내면 오히려 운수가 풀리면서 부유해진다는 후일담이 덧붙여지기도 한다. 그런 전설의 주인공 중 상진尙震이라는 인물이 비교적 유명하다. 상진의 전설은 1979년과 1997년, 두 차례에 걸쳐 KBS 〈전설의 고향〉에서 '상정승골'이라는 제목으로 영상화되었다.

실제로 역사 기록을 살펴보아도 상진은 젊은 시절 가난하게 살았지만, 정승의 자리에 오른 후 너그러운 정치로 널리 존경받는 인물이었다고 기술되어 있다. 조선 후기에는 임금도 항상 상진이 살던 한양 집 근처를 지날 때 "여기가 상진이 살던 집이다"는 말을 나누며 그의 정치를 돌이켜보는 풍습이 있었을 정도라고 한다. 비록 그 상진의 집이 역사상 가장 유명한 도깨비집이었을 수 있겠지만, 지금은 그곳이 현재의 남대문시장 어디쯤이라는 추측만 있을 뿐 아쉽게도 정확한 위치를 알 수는 없다.

『조선일보』 1939년 3월 9일 기사에는 지금의 지하철 안국역과 종각역 사이로 추정되는 동네 견지정堅志町의 어느 부잣집에 일어난 사건이 실렸다. 당시 표기를 그대로 옮겨보면 '독개비'가 나온 것 같다고 했다. 박재신이라고 하는 사람이 외출을 마치고 귀가해보니 집 지붕에 구멍이 뚫렸고 방구들장이 젖혀졌으며 가마솥이 뒤집혀 뜰에 내팽개쳐져 있었지만 도둑질한 흔적은 없었다는 괴이한 상황이 눈앞에 펼쳐졌다. 도대체 왜 이런 일이 일어났는지 도무지 알 수 없어 무속인과 역술인에게 물어보니, 과연 도깨비의 짓이 맞는다고 평했다는 것이다.

『조선일보』 1935년 4월 10일 기사에는 한밤중 노량진의 어느 집에 정체를 알 수 없는 사람이 자꾸 돌을 던져서 도깨비장난이라는 소문이 돌았다거나 『조선일보』 1933년 8월 24일에는 아예 제목까지 「순사까지 출동한 독갑이 소동극」이라고 붙인 기사도 보인다. 『조선일보』 8월 24일 기사에 따르면, 신의주의 양봉기라는 사람의 집에 밤 11시경 갑자기 돌멩이가 빗발처럼 떨어져서 장독과 사기그릇이 모두 깨졌다. 이에 경찰까지 출동했지만 사람의 자취는 없었다고 한다. 이런 기사들을 통해 20세기에 접어들어서도 한

국에서는 폴터가이스트에 가까운 현상이 도깨비 혹은 도깨
비집 사건으로 취급되며 꾸준히 회자되었다는 점을 확인할
수 있다. 그렇다면 여러 도깨비집 사건 중에서도 가장 널리
화제가 되었던 사건은 무엇일까? 1963년의 도깨비집 사건
이 후보가 될 만하다고 생각한다.

집 안으로 돌멩이가 날아들다

이 사건이 본격적으로 보도되기 시작한 시점은 1963년
7월 10일이다. 1960년대라면 사실 도깨비가 이미 전설이
나 동화에 등장하는 재밋거리로 정착한 시대다. 유령이나
귀신에 대한 믿음이 암암리에 유지되더라도 도깨비를 대단
히 진지하게 여기는 시대라고 하기는 어렵다는 뜻이다.

최초로 국내에서 조립된 자동차였던 시발始發 택시(지프
차를 개조한 택시)가 마지막으로 생산되던 해가 바로 1963년
이었으니, 과학기술의 수준이 이미 새로운 단계로 넘어가던
시절이다. 1960년대는 텔레비전 방송이 정착되어가며 국
산 텔레비전이 처음으로 생산되던 시기이기도 하다. 스위치
만 올리면 정교한 전자장치가 작동하며 사람들이 생생하게
웃고 노래하는 모습이 나오는 기계를 공장에서 몇만 대씩
찍어내는 세상에서, 고작 접시를 깨고 돌멩이를 던지는 도

깨비 정도가 신기한 것이 되기란 어려운 일이다. 그런데도 1963년의 도깨비 사건이 눈길을 끌었던 것은 사람들의 관심을 일으킬 만한 몇몇 특징이 있었기 때문이다.

우선 배경부터가 독특했다. 아무래도 도깨비집이라고 하면 낡고 으슥한 집을 먼저 떠올리기 마련이다. 첨단기술 문명에서 멀리 떨어진 마을이나 깊은 산속이야말로, 보는 사람이 적고 불빛이 약하기 때문에 어떤 현상을 '폴터가이스트'로 착각하기 쉬울 것이다. 『경향신문』 1965년 2월 22일 기사에 따르면, 이 시기 농촌 지역의 전화율, 즉 전기 보급률은 6퍼센트에 불과했다는 기록이 보인다. 밤만 되면 아무것도 보이지 않을 정도로 어두워지는 마을이 드물지 않았다.

따라서 1960년대 초에 도깨비집 이야기가 남아 있는 곳을 찾는다면, 밤이 되면 주변 모습을 확인하기 힘들고 호롱불이나 횃불 정도에 의지했어야 하는 외진 마을을 먼저 떠올릴 것이다. 그런데 의외로 이 사건은 시골이 아니라 도시 지역에서 발생했다. 가장 번화하다는 서울, 그중에서도 중심가에 해당하는 을지로의 민가가 사건의 배경이다.

『조선일보』 1963년 7월 10일 기사에 따르면, 이 사건이 처음 시작된 것은 6월 24일이었다. 을지로4가에 사는 백씨의 집과 정씨의 집 안으로 갑자기 돌멩이가 날아들었다는 것이다. 이 기사에 따르면 돌멩이의 크기는 "어린애 주먹" 정도였다고 한다. 굉장한 힘을 내어 던져야 할 정도의

을지로4가에 사는 백씨와 정씨의 집 안으로 매일 밤 10여 개씩 돌멩이가 날아들어와 창문에 나무판을 덧대어 돌을 방어하려는 계획을 세우기도 했다. (『조선일보』 1963년 7월 10일)

무시무시한 돌은 아니지만, 누군가 멀리서 힘껏 던진다면 충분히 위협이 될 수 있는 크기다. 그런 돌이 거의 매일 밤 10여 개씩 날아와 집 안으로 떨어졌다고 한다.

　돌이 유리창을 깨뜨리기도 했고, 돌에 맞아 부상당한 사람도 생겨났다. 깨진 유리창이 32장, 부상자의 숫자는 총 12명이었다고 한다. 사건 발생 6월 24일부터 신문에 보도된 7월 10일까지면 보름 정도의 기간인데, 그동안 매일 밤 돌멩이 10개 정도가 날아왔다고 추산하면 그 숫자는 100개가 훌쩍 넘는다. 30여 개의 유리창과 10여 명의 사람에게 피해를 입히기에는 충분한 양이다.

백씨와 정씨의 집 양쪽에 돌이 비슷한 숫자로 날아들었다면, 한 집마다 유리창이 10여 개씩 깨지고 사람은 6명씩 다쳤다는 계산이 나온다. 한 집당 유리창이 거의 모두 한 번꼴로는 깨졌고, 집안사람들이 모두 돌아가며 한 번씩 돌에 맞은 셈이다. 그냥 이상한 일이라고 대충 넘어갈 수 있는 사소한 피해가 아니다. 깨진 유리를 다시 갈아 끼웠는데 그 후에도 피해가 재차 발생했다면 당사자로서는 무척 화가 나는 상황이었을 것이다. 게다가 돌에 맞아 부상까지 입은 건 심각한 문제다.

결국 두 집안사람들은 머리를 조금이라도 보호하기 위해 방한모자를 쓰고 다녔다고 한다. 당시가 무더운 7월이었음을 생각해보면, 그 계절에 방한모를 쓸 수밖에 없었던 서로의 모습에 분통이 터졌을 것이다. 게다가 머리를 가린다고 해도 잘 때는 몸의 다른 부분이 노출될 수밖에 없었다. 그래서 나무판을 창문에 덧대어 돌을 방어하려는 계획을 세울 정도였다고 한다. 그것이 실현되었다면 거주자들은 매일 아침 햇빛이 들지 않는 어두운 방 안에서 일어나 나무판을 치우는 것으로 아침을 시작해야 했을 것이다.

누가 돌팔매질을 했을까?

백씨와 정씨의 집은 을지로 번화가에서는 좀 떨어져 있는 편이지만, 그렇다고 인적이 드문 외진 곳까지는 아니었다. 심지어 을지로4가 파출소에서 100미터 남짓 떨어진 곳이었다. 수많은 사람이 지나다니고 순찰 다니는 경찰의 감시 범위 내에 있는 지역에서 도대체 누가, 한 번도 아니고 보름 이상 꾸준히 돌팔매질을 계속할 수 있다는 말인가? 어떻게 매번 그렇게 들키지 않고 범행을 완료할 수 있다는 말인가? 과연 도깨비의 짓이라는 소문이 생길 만했다.

이 사건은 이미 이웃 주민들 사이의 화제에 오른 상태였다. 범죄가 이어지는 동안 형사들도 그 집에 머물렀다고 하는데, 7월 10일까지도 범인을 잡는 데 번번이 실패하던 차였다. 심지어 백씨의 집에서는 대학생인 아들의 친구 10여 명이 함께 밤을 새우다시피 머물며 범인을 잡으려 했다는데, 그 역시 실패했고 오히려 돌을 맞아 부상당하는 상황에 이르렀다. 이 정도면 겁에 질려 도망치는 사람이 나오는 것도 이상하지 않다.

더욱 알 수 없는 것은 왜 이런 짓을 하는가 하는 범죄의 동기였다. 야음을 틈타 타인의 집에 위해危害를 끼치는 범죄자는 적지 않지만, 이들은 대체로 자신의 이익을 위해 움직인다. 누군가의 집에 침입해 물건을 훔친다든가, 누군가를 협박해서 귀중품을 빼앗는 것은 자신의 경제적인 이익을 위해서다. 그런데 도깨비집 사건에는 그런 동기가 없다. 남의 집에 돌을 던진다고 해서 나에게 돈이 생기는 게 아니다. 반대로 그 집에 사는 사람에게 원한을 품고 복수하거나 화풀이를 위해 공격하는 것이라면, 당사자에게 공격받을 이유를 확인시켜줄 필요가 있는데 돌팔매질로는 그런 목적을 달성할 수 없다.

이 사건의 전말을 살펴보아도 의문은 풀리지 않는다. 돌멩이의 첫 발견 시점은 6월 24일 오후 2시경이었다. 이후 사건이 주로 밤에 일어났던 것을 떠올려보면, 첫 사건이 낮에 벌어졌다는 점이 특기할 만하다. 기사에 따르면, 돌멩이가 날아온 순간을 목격한 것은 아니고, 깨진 창문이 이때 발견된 것이라고 하니 범행 시점 자체는 이보다 더 앞섰을 것이다. 기사에 따르면 최초의 목격자는 정씨의 부인 이씨라고 하며, 집을 보던 중 이웃인 백씨의 집 유리창이 깨어진 것을 발견했다고 한다.

그때만 해도 그저 어린이들이 놀다가 실수로 깨뜨렸겠거니 생각했다고 한다. 그렇다면 첫 번째 공격은 6월 24일 낮에 이루어졌고, 그 후 범인의 주된 활동 시간이 밤으로 옮겨진 것일까? 기사에서는 주로 밤 9시에서 새벽 2시 사이에 돌이 날아들었다고 되어 있는데, 마침 도깨비들이 나타나 잔치를 벌인다고 하면 제법 어울릴 것 같은 시간이기도 하다.

물론 수사 당국에서까지 이 사건의 범인이 도깨비라거나 신비로운 폴터가이스트라고 발표하지는 않았다. 누가, 왜, 어떻게 저지르는지 알 수 없는 범행이었지만, 그런 상황에서도 들어맞을 수 있는 나름의 범죄 가능성을 떠올리는 게 수사 당국의 임무다.

"이 부락은 불바다로 변해버릴 것이다"

실제로 경찰은 비슷한 사건을 한 해 앞선 1962년 7월에 해결한 적이 있다. 1962년의 사건은 과연 도깨비 사건이라고 부를 수 있을 만한 범죄였다. 4월 21일에서 7월 9일까지 충청북도 괴산의 한 마을에서는 알 수 없는 화재가 11번이나 발생했다. 도무지 불이 날 이유가 없는 곳에서 계속해서 화재가 발생해 사람들 사이에서는 '도깨비불 사건'이라고 불렸다. 정체불명의 불덩이가 허공을 떠다니는 현상을 조선시대부터 '도깨비불'이라고 칭했기 때문에 제법 잘 어울리는 별명이다. 이 마을에는 얼마 전 길을 내기 위해 동네 뒷산의 서낭당과 나무들을 잘라냈다. 그 때문에 신령의 노여움을 사서 도깨비가 불을 일으키게 되었으며, 신령을 달래주려면 성대한 굿을 해야 한다는 말이 돌았다.

이 마을에는 수씨라는 무속인과 수양딸 곽씨가 살았

다. 두 사람은 자신들의 숭배 대상이었던 서낭당과 나무가 파괴된 일 때문에 앙심을 품었던 것 같다. 그래서 마을 사람들에게 겁을 주어 자신들의 권위를 세우고, 또한 사람들에게서 굿을 해달라는 주문을 받아 돈을 벌기 위해 범죄를 저지르게 되었다. 이 사연은 『경향신문』 1962년 7월 29일 기사에 자세히 실렸다.

두 사람은 "이 부락은 불바다로 변해버릴 것"이라고 말한 뒤 14세 청소년에게 돈을 주면서 이곳저곳에 불을 지르라고 시켰다고 한다. 범행을 저지르던 시각마다 자신들의 행적이 불분명하다면 "불바다로 변해버릴 것"이라던 자신들이 바로 의심을 살 수 있기에, 동네 소년을 고용해서 대신 범죄를 저지르게 꾀를 쓴 것이다.

수사 당국은 1963년 7월 을지로의 도깨비집 사건에 대해서도 이런 식으로 범죄의 동기를 끼워 맞출 수 있는 인물을 지목하기 위해 노력했다. 간접적인 이해관계에 의해 이런 범죄를 저지를 필요가 있었거나 이런 사건으로 이익을 얻는 사람이 있다면 그 사람을 중심으로 수사를 진행하는 게 가능하다. 예를 들어 장소가 현대의 대한민국 서울이라는 점에 초점을 맞춘다면 다른 시대, 다른 장소에서는 이해할 수 없을 만한 이상한 동기 한 가지를 떠올릴 수 있다. 다름 아닌 부동산 투자다.

실제로 수사 당국에서는 부동산 투자 때문에 집에 돌

을 던지는 가능성에 대해 수사를 진행했다. 그 집에 도깨비가 산다거나 흉가凶家라는 소문이 돌게 되면 일대 집값이 떨어지고, 누군가는 시세보다 싸게 그 집을 사들일 수 있다. 혹은 정씨나 백씨가 도저히 못 살겠다며 급하게 집을 처분하고 나가는 경우에도 시세보다 저렴한 급매물이 발생하는 셈이다.

21세기인 지금도 "그 집의 기운이 나와 맞지 않아서 내 운수가 좋지 못했다"라거나 "그 집에 사는 귀신이 젊은 남자를 싫어해서 내가 버틸 수가 없었다"는 식의 이야기를 의외로 진지하게 받아들이는 사람들은 꽤 있다. 부동산 업자가 어떤 사이비 무속인과 적당히 결탁했다고 상상해보자. 정씨나 백씨가 견디지 못해 무속인을 찾았을 때 "당신에게 이러저러한 특수한 운수가 있기 때문에 이 집에 있으면 저주를 받는다"는 식의 경고를 할 수 있다. 그러면 집 주인은 헐값에라도 빨리 집을 넘기고 빠져나올 것이고, 그 집을 사들인 사람은 다른 사람들에게 "괜찮은 집이다"라면서 제값에 팔아 차액을 챙길 수 있지 않겠는가?

한편으로 경찰은 백씨의 23세 딸에게 최근 결혼을 약속한 사람이 생겼다는 점에 초점을 두기도 했다. 백씨의 딸을 짝사랑하던 남자가 있다면 그 이유로 백씨의 집을 공격할 가능성을 배제할 수 없기 때문이다. 그 남자는 다른 이와의 결혼을 추진하는 백씨의 집안이 너무 밉지만, 또 딸에 대

홍씨는 빚 때문에 백씨와 싸우다가 백씨를 다치게 해서 구속
된 적이 있었다. 그가 복수를 궁리하다가 돌팔매질을 한 것은
아니었을까? (『동아일보』 1963년 7월 15일)

한 호감 때문에 대놓고 폭력 행위를 저지르지는 못할 것이
다. 그렇다면 창문을 자꾸 깨뜨리는 정도의 피해를 입히려
는 시도 정도는 할 수 있지 않을까?

경찰은 백씨에게 돈을 빌려주었다가 받지 못한 사람이 화가 나서 저지르는 범죄일 가능성도 염두에 두고 있었다. 『동아일보』 7월 15일 기사에 따르면, 백씨는 직물 직매소를 경영하다가 장사가 되지 않아 부도수표를 너무 많이 발행해서 부정수표단속법 위반 혐의를 받는 사람이었다는 보도가 보인다. 아닌 게 아니라 홍씨라는 사람이 빚 관계 때문에 백씨와 싸우다가 백씨를 다치게 해서 구속된 적도 있었다. 그렇다면 다른 채무자가 '내 손으로 백씨를 때리면 내가 구속될 테니 어떻게 복수를 해야 할까' 하고 궁리하다가 돌 던지기를 선택할 수 있다는 뜻이다.

돌은 집 안에서 던졌다

그러나 어느 쪽으로도 수사는 쉽게 진전되지 않았다. 겉으로 표현은 안 했지만, 경찰도 어느 정도 괴이하다고 느끼고 있었던 것 같다. 그렇게 돌이 많이 떨어졌는데도, 7월 10일 보도 시점까지 경찰은 도대체 어느 방향에서 돌이 날아오는지조차 알아내지 못했다고 한다. 짧막한 서술이지만, 돌을 던진 장본인의 정체라거나 돌을 던진 방법이 평범한 사람의 짓이라 할 수 없다고 암시하는 표현처럼 보인다.

기사에는 수사 인력이 많이 출동한 날일수록 더 격렬

하게 돌이 날아왔다는 서술도 보인다. 이 역시 도깨비에 도전하려는 사람이 많아질수록 도깨비가 더 화를 내면서 혹은 더 재미있어하면서 신나게 돌을 던지는 장면을 연상시킨다. 『동아일보』 7월 15일 기사에는 범인이 오래 쥐고 있었던 모양이라면서 체온이 남아 좀 따뜻한 돌멩이도 있다는 이야기를 전했다.

첫 보도 이후 도깨비집 사건은 많은 사람의 주목을 받았다. 『조선일보』 7월 11일 기사를 보면, 소문을 듣고 100여 명의 사람이 몰려들어 도깨비가 정말 돌을 던지는지 구경할 정도였다고 한다. 그런데도 그날 밤 10시 30분경 돌이 또 날아들어 이번에는 10미터쯤 떨어진 곳에 있는 황금여관에 떨어졌다. 이렇게 사람이 많은데도 또 정체불명의 돌이 날아왔다며 신기하다는 투로 기사가 쓰였지만, 지금 와서 돌이켜보면, 사람이 너무 많아지니 원래의 대상을 공격하는 데 실패했고 그래서 엉뚱한 곳을 대신 공격했다고 볼 수도 있을 것 같다. 다음 날에는 다시 저녁 8시부터 5분 간격으로 세 차례, 11시에 한 차례, 총 네 번에 걸쳐 원래 공격 대상 중 하나였던 정씨가 피해를 입었다.

그 탓에 사건은 더욱 유명해졌다. 보도는 날마다 계속해서 이어졌다. 사건 자체를 보도하는 기사뿐만 아니라, 이 사건을 두고 논평을 하거나 이 사건에 다른 사건을 비유하는 기사가 실리기도 했다. 한밤중에 구경꾼들이 몰려들었다는 묘사에서 드러나듯 대중의 관심도 높았다. 단적으로, 장난인지 뭔지 알 수는 없지만 피해자 정씨 앞으로 "창문에 200볼트의 라이트를 켜놓으면 돌의 방향을 알아 범인을 알 수 있다"고 충고하는 편지를 엉뚱하게도 대전우체국을 통해 보낸 게 발견되기도 했다.

『동아일보』 7월 18일 기사에서는 몇몇 대학 교수와 의사, 철학자 등 각계각층의 전문가들을 인터뷰해 이 도깨비집 사건을 일으킨 자의 정체에 관한 분석 기사가 실리기도 했다. 그해 여름 며칠간은 세상 사람들이 모두 을지로 폴터가이스트의 정체에 대해 궁금해하며 한마디씩 얹는 분위기가 이어졌던 것 같다.

7월 말, 이 사건은 거의 해결에 이르는 듯 보였다. 7월 19일, 주요 일간지에는 백씨의 딸과 결혼을 약속했던 김씨가 범인인 것 같다는 의외의 수사 결과가 발표되었다. 며칠 전까지만 해도 백씨의 딸에게 관심을 품은 이상심리의 범인, 즉 김씨의 연적^{戀敵}이 앙심을 품고 범행을 저지른 게 아닐까 추측한 기사가 실린 것과는 정반대의 결론이었다. 김씨는 백씨의 집에 같이 머물면서 잠깐씩 기회를 보아 돌을 던졌다고 추정했는데, 이는 돌의 정체에 대해서 알기 어려웠던 정황과 어느 정도 맞아든다. 외부에서 돌이 날아든다고 가정하고 집 바깥을 주로 감시하고 있었기에 정반대로 집 내부에서 범죄가 이루어지고 있었다면 영문을 알 수 없

이 사건의 범인은 백씨의 딸과 결혼을 약속했던 김씨로 밝혀졌다. 도깨비가
출몰하는 집이라고 하면 빚쟁이들의 독촉이 줄어들 것이라고 보았기 때문이
다. (『동아일보』 1963년 7월 19일)

을 만한 상황이 자꾸 생겼을 것이다.

범죄의 동기도 초기의 추측과는 정반대였다. 빚쟁이들
이 자꾸만 몰려들어 백씨를 괴롭히자, 김씨는 이들이 근처
에 못 오게 만들기 위해 이런 일을 저지른 듯하다고 서술되
었다. 『조선일보』 7월 20일 기사는 김씨와 백씨 가족이 짜

고 자작극을 벌였다고 추측했다. 도깨비가 출몰하는 집이라고 하면 아무래도 집에 찾아오는 빚쟁이들의 독촉이 줄어들 것이라고 본 것이다. 그 무렵 빚 때문에 백씨 일가는 집을 잃을 위기였다고 하는데, 도깨비집이라고 소문나서 흉가처럼 취급되면 굳이 그 집을 차지하겠다는 사람이 없어질 것이고, 백씨 가족들은 집을 지킬 수 있으니 말이다.『경향신문』7월 23일 기사에 따르면, 백씨의 아들 역시 관계자로 연행되기에 이르렀다.

1963년의 도깨비 소동은 설령 흉가라고 할지라도 그 집에서 살고 싶었던 마음, 집을 잃는 것에 대한 두려움 때문에 벌어진 사건일지도 모른다. 서울의 부동산 문제야말로 도깨비 같다고 말할 수 있는 사연인지도 모르겠다. 그러나 사건은 그렇게 깔끔하게 매듭지어지지 않았다.

범인으로 지목받았던 김씨는 7월 19일 구속되었지만, 검찰로 송치된 후 8월 13일 증거 불충분으로 무혐의 불기소 처분을 받아 풀려났다. 그래서 도깨비집 사건은 용의자가 없는 그야말로 도깨비 같은 사건이 되고 말았다. 이 사건에 대한 더이상의 결과가 발표된 것은 없다. 돌팔매질 소동은 이후 소리 소문 없이 잦아들었던 것 같다. 그러니 누가 왜 어떻게 그 긴 시간 동안 100여 개가 넘는 돌을 던졌는지는 여태껏 아무도 알지 못한다. 말하자면, 그런 식으로 한국의 마지막 도깨비들은 사라졌다.

한편 1963년 8월 24일에는 범인으로 지목받았던 김씨가 "경찰에 알리면 도깨비장난을 계속하겠다", "나를 잡으려 하면 죽인다"는 빨간 색연필 글씨가 적힌 협박 편지를 받았다거나, 8월 30일에는 김씨가 수양누이 집에서 금팔찌, 금반지, 현금을 훔쳤다는 혐의로 붙잡혀 구속되었다는 이상한 이야기들이 계속 보도되기는 했다. 참고로 『동아일보』 9월 27일 기사에 따르면, 이 절도 사건 역시 김씨가 불기소 처분을 받는 것으로 끝이 났다.

도대체 60여 년 전, 을지로의 그 집에서는 무슨 일이 있었던 것일까? 사건이 일어났던 그때 그 장소는 현재 상점과 철공소 등이 자리 잡은 을지로의 작은 가게들 중 하나로 변해 있다. 이곳에 재개발사업이 진행되면, 모든 건물은 다 같이 흔적 없이 사라지고 거대한 새 빌딩들이 들어설 것이다. 이런저런 도깨비 이야기들은 그야말로 옛날이야기에서만 찾아볼 수 있는 먼 기억이 되어 흔적도 없이 완전히 사라질 것이다.

011

우라늄과 이중간첩

의문의 남자가 호텔에서 자살하다

사건이 벌어진 날은 1953년 9월 23일이었다. 당시 서울 중구의 ㄷ호텔은 개관한 지 얼마 되지 않은 깔끔한 숙소였고, 상당히 훌륭한 시설들이 있었다고 알려졌다. 이 호텔에 대한 1950년대의 기사를 찾아보면, 해외 외교관이나 스포츠 국가 대표팀이 머물던 곳이라는 소식이 자주 보일 정도였다. 그런데 9월 23일, 이 호텔 6호실에서 김씨라는 31세 남자의 시신이 발견되었다. 『경향신문』 9월 25일 기사에 따르면, 그는 독약을 먹고 사망했다고 되어 있다.

이날 보도에는 독약 이름이 무엇인지 명시되었고, 다른 신문 기사에도 비슷한 언급이 있었다. 아마 그를 죽음에 이르게 했던 독약이 현장에 남아 있어 눈에 뜨였던 듯하다. 부산에서 서울로 올라온 사람이라고 하며, 여타 공격의 흔적이나 침입 정황은 없었던 것 같다. 이 기사에서는 처음부터 살인 사건이 아니라고 단정했다. 다만 김씨는 6통이나 되는 유서를 남겼다. 그리고 그 유서 중 하나에는 우라늄의 행방에 관한 정보가 적혀 있었다.

우라늄은 원자력발전과 원자폭탄의 원료로 잘 알려진 금속이다. 자연 상태의 우라늄으로는 흔하게 발견되는 우라늄-238이 있고, 그 사이에 희귀하게 섞여 있는 우라늄-235도 있다. 우라늄-235는 자연 상태의 우라늄에서는 0.7퍼센트 정도의 비율만 차지하지만, 이것이 많으면 많을수록 핵반응을 일으키기에 유리하다. 그러므로 자연 상태의 우라늄을 캔 뒤 거기에서 미량의 우라늄-235만을 골라 모으는 작업이 매우 중요하게 여겨진다. 이 작업을 우라늄 농축이라고 한다. 통상적인 방식의 원자력발전을 위해서는 0.7퍼센트밖에 되지 않는 우라늄-235를 3퍼센트 수준의 농도까지 끌어올려야 한다. 핵폭탄을 만들기 위해서는 90퍼센트 이상 농도를 끌어올리는 게 보통이다.

1950년대에는 세계 어느 나라든 새롭게 선보인 원자력의 힘에 관심이 많았다. 특히 한국에서는 일본이 원자폭탄 단 두 발의 위력 앞에 무너졌다는 제2차 세계대전 말엽의 이야기가 일종의 무용담처럼 자리 잡았다. 그 때문에 1940년대 말과 1950년대 초 북한에 들어온 소련군이 북한의 우라늄 광산에 눈독을 들이고 있다는 소식이라든가, 남한 어느 지역에서도 우라늄이 일정량 발견된 것 같다는 소식이 중요한 기삿거리로 등장하기도 했다. 실제로 이후 북한은 우라늄 광산을 개발하는 데 성공했으며, 남한의 우라늄 매장 지역도 채산성이 맞지 않아 개발되지 않고 있을 뿐 기술적으로는 우라늄 채취가 가능한 것으로 알려졌다.

그리하여 서울 중구의 ㄷ호텔에서 목숨이 끊어진 채 발견된 남자가 우라늄의 행방을 알고 있다고 주장한 것은 주목할 만한 소식이었다. 남자가 핵무기 개발의 중요 열쇠인 물질을 구할 수 있었다거나 적어도 원자력 연구나 방사능 실험에 큰 가치를 지닌 정보를 알고 있다는 뜻이기 때문이다.

『경향신문』 기사는 남자의 신분에 대해 더욱 놀라운 이야기를 담고 있다. 그는 일자리를 구하려고 충무로 번화가를 돌던 평범한 청년이 아니었다. 한국어 본명과 가명을 쓰고 있는 것으로 보아 국적은 한국인이었겠으나, 동시에 미국의 정보기관에서 근무하던 첩보원이라고 했다. 즉, 미국 첩보 당국의 요원으로서 냉전의 절정기에 냉전의 최전선인 한반도에서 일하는 인물이었던 셈이다.

우라늄과 이중간첩

남한에 침투한 북한의 첩보원

1949년 소련이 원자폭탄 실험을 성공시켰을 때 미국인의 공포는 대단했다. 6·25전쟁에서도 미국이 승리를 거두는 데 실패하자, 세계에서 가장 강력한 국력과 기술을 보유한 미국이 공산주의 국가에 추격당하고 있다는 경각심이 미국 내에서 일고 있었다. 이런 불안감은 자본주의를 혐오하고 공산주의에 동조하는 미국인들이 조국을 배신하고 공산주의 국가로 정보를 빼돌린다는 공포로 이어졌다. 1950년대 전반 조지프 매카시Joseph McCarthy 상원의원을 중심으로 몇몇 인물이 수많은 사람을 공산주의자로 몰아서 정치적으로 공격했던 악명 높은 매카시즘 열풍도 이런 분위기에서 비롯되었다.

미국이 이런 공포에서 허우적거리고 있으니, 냉전의 최전선에서 활동하던 어느 첩보원이 우연한 기회에 빼돌린 핵물질을 숨겨놓았다는 발상도 그럴듯하게 들릴 만했다. 예를 들어 미국에서 원자폭탄을 만들기 위해 모아놓은 우라늄-235 덩어리를 몰래 공산주의 국가로 넘기려던 작전이 실행되었을 수도 있고, 반대로 공산주의 국가에서 운반하던 우라늄-235 덩어리를 가로채서 없애려는 작전이 벌어졌을 수도 있다. 그런 첩보 작전의 한가운데에 김씨가 끼어들어, 핵물질을 아무도 모르는 곳에 감추었을지도 모른다는 상상

"It's Okay—We're Hunting Communists"

1950년대는 미국에서 조지프 매카시가 일으킨 매카시즘 열풍이 불고 있었다. 그는 국무성에 205명의 공산주의자가 있다는 발언을 해서 논란을 일으켰다. 당시 사태를 풍자한 만화 '괜찮아요, 우리는 공산주의자들을 사냥하고 있습니다'.

을 해봄직하다.

　『경향신문』 기사에 묘사된 김씨의 행적은 이런 작전에 제법 잘 어울린다. 그는 기량이 뛰어난 군인이었다가 정보기관에 발탁되어 첩보원이 된 인물이 아니었다. 그가 첩보원이 된 이유는 출발부터가 이중간첩에 가까웠다. 이 기사에 따르면, 김씨는 강동정치학원 출신이었다.

지금 누가 '강동정치학원'이라고 하면 서울 강동구에서 고등학교 과목 중 정치를 집중적으로 가르치는 보습학원일까, 정치인 지망생들에게 정치판에서 살아남는 법에 대해 가르치는 학원일까 궁금해할지도 모르겠다. 그렇지만 이 이름의 '강동' 지역은 북한의 평안남도 강동군을 말한다. 강동정치학원은 사설 학원이 아니라 북한 당국에서 운영하는 교육·훈련 기관이다. '정치'는 일반적인 선거나 정당 활동이 아니라 남로당, 즉 남조선노동당 활동을 발전시키는 작업을 뜻한다. 남로당은 남한 지역에서 공산당 활동이 불법화되기 이전에 활동하던 공산주의 조직이었으니, 결국 강동정치학원은 남한 지역에서 공산주의를 퍼뜨리기 위한 방법을 훈련시키는 기관이라는 이야기다.

실제로 북한으로 넘어간 남한 공산주의자들이 강동정치학원에서 훈련을 받았고, 그중 상당수는 다시 남한으로 침투해 지하 공산주의 활동을 했다고 알려졌다. 6·25전쟁 중에는 남한 내부에서 게릴라 활동을 펼친 공산주의자들이 흔히 빨치산이라는 명칭으로 유명한데, 그 게릴라 중 일부도 바로 강동정치학원 출신이었던 것 같다.

그렇다면 서울 중구의 ㄷ호텔에서 시신으로 발견된 김씨 역시 비슷한 배경을 가진 인물이었을 가능성이 높다. 강동정치학원에서 훈련을 받고 남한으로 침투한 김씨는 공작대원으로 활동하다가 체포되었다. 이후 전향해 치안국 정보

수사과에서 근무하며 남한을 위한 첩보 활동을 계속했다고 한다. 북한 정보 당국이나 남한 내 북한 첩보원들에게 자신이 계속해서 북한에 충성하는 척하면서 사실은 남한 쪽으로 정보를 빼돌리고 더 많은 북한 첩보원들을 잡아들이는 공작을 펼치는 이중간첩 역할을 했을 가능성이 있다.

이 기사에 따르면, 그는 인천 지역에서 '제5열'을 많이 검거했다고 한다. 제5열이란 상대방을 공격할 때 사방四方에서 둘러치고 공격하면서 또한 동시에 다섯 번째 대열, 그러니까 상대방의 내부에 심어놓은 배신자를 활용한다는 뜻에서 생긴 용어다. 보통 배신자나 간첩 등을 일컫는 말이다. 이때까지의 행적이 사실이라면 그는 본격적인 이중간첩으로 활동하지 않았다고 하더라도, 적어도 강동정치학원에서 훈련받았던 활동 수법과 성향을 남한 당국에 전달해 한때 같이 학습했던 다른 공산주의자 첩보원들을 공격하는 방첩 업무에 공을 세웠을 것이다.

이후 그는 미국 정보기관에 합류했다고 한다. 김씨가 사망한 1953년 9월은 6·25전쟁이 휴전한 후 불과 2개월 정도 경과한 시점이다. 한국과 미국의 합동 군사 작전과 정보 작전이 수없이 이루어지던 시기이기도 했다. 6·25전쟁 전후로 적의 첩보원을 찾아내고 대응하는 데 공을 세운 요원이 미국 쪽 기관으로 근무처를 옮기는 것은 특별히 이상한 일이 아니다. 김씨가 근무했던 미국 조직 이름은

B.A.C.G라고 되어 있으며 최근 근무지는 한국이 아닌 일본 도쿄였다고 한다. 8월 26일 한 달간의 휴가를 얻어 한국으로 건너왔다고 하는데, 휴가가 끝날 무렵 서울의 호텔에서 시신으로 발견된 것이다.

유서에 남겨진 우라늄에 대한 정보

김씨가 남긴 유서 6통 중 3통의 중심 내용은 기사에 공개되었다. 그의 죽음을 처음부터 살인이 아닌 자살로 단정하고 보도가 나온 것을 보면, 6통의 유서 중 어딘가에는 그가 어떤 처지에 이르렀으며 사망 직전 무슨 생각을 했는지에 대해서도 어느 정도 기록된 게 아닌가 싶다.

우선 3통 중 1통은 친구에게 남긴 편지다. 일본 도쿄에 머물고 있는 어느 외국인에게 귀중한 우라늄을 맡겨두었으며 그에게 연락하면 그 우라늄을 찾을 수 있다는 내용이 적혀 있었다. 우라늄이 국내가 아니라 해외에 있다는 점, 또한 김씨가 첩보 활동 중 알게 된 동료가 문제의 우라늄 사건과 연결되었을 수 있다는 점 등이 첩보 소설을 읽는 듯 호기심을 강력하게 자극한다.

다른 1통의 유서는 문제의 그 외국인에게 남긴 편지였다. 누군가 우라늄을 찾으러 오면 내어주라는 당부였다. 도쿄의 외국인이 우라늄을 찾으러 온 사람을 믿지 못할 수도 있기 때문에 보증할 수 있는 방편을 제시하기 위한 글로 보인다.

또 다른 1통의 유서는 당국에 보내는 편지였다. 이 기사에 따르면 6통의 유서 중에 최소한 1통 이상이 경찰의 담당 부서장에게 보내는 것이었다는데, 이 세 번째 유서가 바로 그에 해당하는 내용이 아닐까? 거기에는 이 사건에 대해 신문에 발표하거나 사회에 알리지 말라는 내용이 적혀 있었다.

그런데도 이 사건이 이렇게까지 상세히 알려진 것을 보면, 경찰에서 미처 유서 내용을 입수하기 전에 다른 경로로 언론사에 유출되었을 가능성도 있을 것 같다. 어쩌면 호텔 직원이 처음 시신을 발견했을 때, 주변의 유서 내용을 대충 확인했는데 그 내용이 경찰에 의해 파악되기도 전 신문기자에게 먼저 전달되었을지도 모른다. 기밀을 다룬 내용치고는 꽤 허술하게 관리되었다는 뜻일까? 어쩌면 경찰은 유서에 쓴 비밀을 지켜달라는 김씨의 요청이 따를 가치가 없는 것으로 여겼을 수도 있다.

정리하자면, 시신으로 발견된 남자가 기구한 사연을 가진 첩보원일 가능성이 있으며, 현재 미국을 위해 일하던 그가 숨겨둔 우라늄의 행방을 한국 당국에 알려주려고 했다는 내용이다. 기묘한 상황이지만 그렇다고 해서 김씨가 반드시 사망했어야 할 이유는 없는 것 같다. 혹시 우라늄의 출

우라늄과 이중간첩

처가 근심과 죄책감을 불러일으키는 곳이었을까? 당시 기사에는 그가 일본에서 건너오면서 부산 지역에 들렀는데, 부산의 22세 여성과의 치정癡情 관계가 사망 원인일 것이라는 추측도 덧붙여졌다. 그 치정 관계는 구체적으로 무엇을 의미했을까?

수사가 진행되면서 김씨와 유서에 대한 새로운 정보가 좀더 드러나기 시작했다. 우선 다음 날인 9월 26일, 『경향신문』 기사에는 우라늄을 보관 중이라는 외국인의 이름이 명시되었다. 그의 이름은 '사환장史煥章'이었다. 그리고 김씨는 사환장이 믿을 수 있는 인물로 자신의 친구 한씨를 소개하고자 했고, 한씨에 대한 신임 위촉장도 발견되었다고 한다. 그렇다면 내용이 알려진 유서 중 첫 번째 편지를 받아야 할 인물이 한씨였고, 두 번째 편지를 받아야 할 인물이 사환장이었을 가능성이 높다.

이날 기사에는 사환장이라는 인물에 대해 "과거 한국에 거주하는 화교 중 가장 갑부였던 사람"이라는 짤막한 설명이 따라붙었다. 사史라는 성씨가 중국에서 그렇게 드문 성씨는 아니고 사환장 역시 아주 부자연스러운 이름은 아니므로 실존하는 인물일 가능성이 높았다. 일제강점기에는 1931년 만보산萬寶山 사건과 뒤이은 폭동으로 한국에서 살기 어려워진 중국계 이주민들이 꽤 있었으므로, 가장 갑부였던 사람이라고까지 확신할 수 없더라도 부유한 중국계 한

유서에는 어느 외국인에게 우라늄을 맡겨두었으며 그에게 연락하면 그 우라늄을 찾을 수 있다는 내용이 적혀 있었다. (『경향신문』 1953년 9월 25일)

국 거주민 세력가가 일본으로 거처를 옮기는 것은 현실성 있는 상황이다. 『조선일보』 9월 26일 기사에서는 사환장에 대해 광복 직후 1940년대 후반 한국과 일본을 오가며 활약하던 유명한 중국인 무역상이라고도 보도했다.

애초의 예상보다 더 복잡한 사연이 감춰졌다는 느낌도 든다. 이를테면 1950년대 중반 미국에서는 중국계 미국인을 향한 매카시즘 문제가 심각했다. 1949년 중국 대륙이 공산화되면서 미국에 머물던 많은 중국인은 하루아침에 고향이 공산주의 국가로 바뀐 상황을 맞닥뜨렸다. 매카시즘에 휘둘린 사람들은 그런 중국인들이 공산주의 국가인 고향을 위

우라늄과 이중간첩

해 미국의 기밀을 빼돌린다고 의심하기도 했다. 첸쉐썬錢學森 같은 학자는 이 시기 억울하게 추방되다시피 미국을 떠난 중국계 과학자의 대표로 손꼽힌다. 첸쉐썬은 중국에 온 뒤 완전히 공개적으로 공산주의 국가인 중국의 애국자로 전향해 원자폭탄 개발과 로켓 개발에 큰 역할을 담당했다고 알려졌다.

혹시 사환장이라는 인물이 중국 본토, 타이완, 미국이 얽힌 관계 속에서 귀중한 우라늄 가공품을 비밀스럽게 빼돌리는 데 성공했고, 김씨는 사환장과의 협상을 통해 그 우라늄을 한국에 들여오기로 약속했을까? 그렇다면 도대체 김씨는 왜 사망한 것일까? 『조선일보』 9월 26일 기사에서는 『경향신문』 9월 25일 기사가 언급한 "치정 관계에 있던 여성"에 대해 "약혼했던 여성이 있었는데 한국에 돌아와 보니 친구의 아내가 되어 있었다"고 좀더 상세히 서술을 첨가했다.

서울대학교 라듐 도난 사건

이날 기사에는 또 다른 내용이 눈길을 끌었다. 경찰이 문제의 사건을 6·25전쟁 이전에 서울대학교 의대 병원에서 일어난 '우라늄 도난 사건'과 관련 있는 게 아닌가 하고 조사 중이라는 소식이다.

여기서 말하는 '우라늄 도난 사건'이란 1949년에 발생했던 서울대학교 의대 병원 '라듐 사건'을 말한다. 마리 퀴리Marie Curie가 발견한 것으로 잘 알려진 라듐은 과거 방사능 실험의 기본인 강력한 방사선을 내뿜는 물질이다. 당연히 방사선 치료라든가 방사능을 이용하는 여러 의학 실험에도 중요한 역할을 담당할 수 있다. 그런데 1949년 4월 20일, 서울대학교 의대 병원에서 보관 중이던 라듐 0.05그램이 갑자기 자취를 감추었다. 이 정도면 각종 실험을 하기에 충분한 분량이었다. 수사가 이루어졌지만, 범인 색출에 실패했고, 잃어버린 라듐을 되찾지도 못했다. 라듐은 귀한 물질이기 때문에 돈으로 환산하더라도 값어치가 있거니와, 라듐이 뿜는 강력한 방사선 때문에 극히 위험한 물질이기도 하다.

예를 들어 누군가의 모자 속에 꽤 많은 양의 라듐을 몰래 숨겨둔다면, 모자의 소유주에게 강한 방사선을 계속 쪼이게 하면서 그가 암에 걸릴 가능성을 높일 수 있다. 실제로 당사자가 암에 걸려 사망한다면, 그저 병환이었다고 생각할 뿐 모자 속 라듐으로 암살되었다는 예상은 불가능하지 않겠는가? 1949년의 라듐 도난 사건은 심각한 문제였지만, 라듐의 행방에 대한 후속 보도는 나오지 않았다. 1953년 김 씨 사건에서 다시 이 라듐 도난 사건이 언급된 것을 보면 영구 미제 사건으로 끝난 게 아닌가 싶다.

우라늄과 이중간첩

한편으로는 사건의 수사 방향이 좀 이상하다는 생각도 든다. 1949년의 라듐 사건은 말 그대로 라듐이 분실되거나 절도당한 사건이다. 라듐은 우라늄이 아니다. 라듐과 우라늄은 성질도 다르고 용도도 다르다. 방사능 물질이라는 점에서 비슷하기는 하지만, 그게 그거라는 식으로 혼동을 일으킬 문제가 아니다. 그런데 수사 당국이 두 사건의 관계를 살피고 있다는 것은 이상하다. 이 사건에 대해 제대로 이해를 하지 못하거나, 혹은 별 관심을 기울이지 않았기에 착각한 것일까? 굳이 연결고리를 찾아보자면, 방사능 물질을 전문적으로 빼돌리는 어떤 조직에서 라듐 절도도 실행했는데, 김씨가 그 조직의 정체를 알게 되면서 조직이 보유하던 우라늄을 얻을 수 있었다는 식으로 상상하면 어떨까?

『조선일보』 9월 26일 기사에는 문제의 우라늄이 200그램이라고 밝혔는데 이 역시도 이상하다. 이 정도 우라늄이면 결코 많은 양이 아니다. 현재 대한민국의 원자력발전소에서 사용하는 우라늄 계통 핵연료의 양은 1년에 100톤, 1,000톤 단위로 따져야 할 정도로 막대하다. 그 200그램의 우라늄이 희귀한 우라늄-235만 뭉쳐 있는 덩어리라고 해도, 이 정도로는 작은 핵폭탄 하나도 만들지 못한다. 보통 핵폭탄 하나를 만들기 위해서는 10킬로그램 단위의 우라늄-235가 필요하다.

핵폭탄은 핵분열을 일으키기 위한 최소한의 임계질량

이라고 하는 무게를 갖추어야 하므로, 최소한 200그램의 수십 배에 해당하는 우라늄-235가 있어야 핵폭탄으로 활용할 수 있다. 물론 우라늄-235 농축은 어려운 과정이므로 순수하게 농축된 우라늄-235 덩어리 200그램이 있다면 그 자체의 가격은 매우 높게 매겨질 것이다. 우라늄-235를 추가적으로 계속 얻을 수 있는 방편이 있고, 이번 200그램은 첫 번째 표본일 뿐이라는 식의 사건이라면 문제는 더 커진다. 원자폭탄과 연결되는 사건이라고 이야기를 만들어볼 수도 있을 것이다.

그러나 아무래도 상황이 구체적이지 않다. 200그램이라는 우라늄의 양은 원자폭탄이나 원자력 연구를 위한 용도라기에는 너무 적고, 몇 년 전의 라듐 도난 사건과 혼동하기에는 반대로 너무 많은 양이다. 혹시 김씨가 혼동을 일으켜서 라듐을 가장 흔하게 언급되는 방사능 물질인 우라늄과 착각한 것일까? 라듐 200그램이라고 하더라도 이것은 반대로 지나치게 많은 양이다. 21세기인 현재 전 세계에서 매년 생산되는 라듐의 전체 양을 다 합해도 100그램 단위로 따져야 할 정도다. 다시 말해서, 이 모든 내용이 사실이라고 그대로 믿기에는 이곳저곳 좀 엉성한 느낌이 든다는 뜻이다. 『조선일보』 9월 27일 기사에서는 이 문제의 돌파구를 찾기 위해 주한 중국대사관에 사환장이라는 인물의 신원을 조사해달라는 의뢰를 했다는 소식도 실렸다.

우라늄과 이중간첩

한국 최초의 원자로, 트리가 마크-2

1개월 정도가 지난 1953년 10월 25일,『조선일보』에 실린 당국의 수사 결과 발표에 따르면, 모든 것이 거짓말이라고 했다. 수사 당국은 미군 당국과 함께 조사를 진행했으며 문제의 사환장이라는 인물에 대해서도 수사를 진행했다고 한다. 그 결과 밝혀진 김씨의 개인사는 다음과 같다.

1952년 7월 미군 수사기관에서 파면되었으며 이후 밀항선을 타고 한국으로 돌아왔고, 다시 일본에 갔다가 생활고와 빚에 시달렸으며, 1953년 8월 초순 일본에서 강제 송환 당해 귀국했다고 한다. 이때 과거 내연의 관계였던 여성을 부산에서 만났는데, 그 여성은 생활고를 못 이겨 화류계에서 일하고 있었다고 한다. 김씨는 부산을 떠나 서울로 왔으며 그 후에도 생계를 이을 별다른 방법을 찾지 못해 결국 호텔에서 생을 마친 것이라는 설명이 수사 결과였다.

이 기사에 따르면, 김씨는 휴가차 한국에 온 것이 아니라, 강제송환 당해 쫓겨난 상황이었다. 주변에 자신이 파면당한 상태임을 숨기고 휴가 온 척했다는 것이다. 무슨 자존심 때문이었는지 유서에서조차 자신이 실직자가 아니라 미국 정보 당국에서 일하는 첩보원이라고 거짓말을 썼다는 이야기다. 이 기사에서 사환장에 대한 특별한 언급이 없는 것으로 보면 이 역시도 사실과는 달랐던 것으로 보인다. 또한 기사는 "우라늄 운운의 유서 내용은 근거가 없는 허무한 사실"이라고 단정했다.

그는 생전에 주위 사람들에게 자신이 중요한 일을 하는 사람이라고 밝혔기 때문에 차마 실직했다는 고백을 하지 못했고, 그 환상을 유지하기 위해 우라늄과 같은 귀중한 물질에 얽힌 사건을 꾸며냈다고 생각해볼 수도 있을 것이다. 어쩌면, 빚에 시달리던 중 돈을 갚을 귀중품이 있다는 것을 증명하기 위해 우라늄 이야기를 만들어낸 것일지도 모른다.

그런데 과연 그의 삶이 전부 거짓이었을까? 『조선일보』 기사에서도 그가 미군 수사기관에서 파면되었다는 확인을 적어둔 것에 따르면, 미국 정보기관에서 일했던 것은 확실해 보인다. 또한 그의 죽음이 확인되었을 때, 국내 담당자를 지목해 보낸 유서가 발견되자 경찰이 그 내용에 주목해 1개월 동안 수사를 진행한 것을 보면, 그가 과거 국내에서 이중간첩 활동이나 북한 첩보원들을 잡는 방첩 활동을 통해 경찰에 협조한 경력이 있었던 것도 사실인 것 같다. 초기 보도에서부터 김씨의 나이와 본명, 가명이 구분되어 언급된 것만 보더라도, 실제로 국내 기관에서 활동했던 기록이 있기 때문에 국내 정보기관에서 확인되는 인물이었을 가능성이 충분하다.

그렇다면 그가 남한의 공산주의자였다가 북한의 강동정치학원을 거쳐 다시 남한의 첩보원이 된 경력도 사실일 확률이 높다. 고향을 떠나 일본에서 지내다가 어떤 연유로 미국 정보 당국의 기준에 어긋나게 되어 쫓겨났을 것이다. 최소한 냉전 시기 첩보전의 와중에서 남한, 북한, 미국, 일본, 중국의 틈바구니에 낀 채 언제나 위험에 시달리며 아무에게도 진실을 말하지 못하며 잠깐 마음 놓을 곳도 얻기 힘들었던 고단한 삶을 살았던 사람이었던 것은 맞는다고 본다.

공교롭게도 이 무렵 윤지선 검사라는 사람이 어느 형무소에서 흘러나온 정보, 즉 "비밀리에 숨겨져 있는 우라늄에 대해 알고 있다"던 공산주의자 재소자를 조사한 별개의 사건이 있었다. 『경향신문』 9월 28일 기사에 따르면, 재소자는 우라늄이 숨겨진 비밀 장소를 털어놓겠다고 해놓고 약속한 날짜가 다가오자 왜인지 단식 끝에 사망했다고 한다.

이 무렵 원자력에 대한 어떤 열풍 같은 관심은 분명 있었다. 이 사건이 발생한 지 2년 후인 1955년, 정식으로 한미원자력협정이 추진되어 한국은 미국과 협의한 틀 안에서 공개적으로 원자력 기술을 들여오게 되었다. 다시 3년 뒤인 1958년에는 한국 최초의 원자로 '트리가 마크-2TRIGA Mark-II'가 도입되었다. 트리가 마크-2 원자로는 서울 노원구 공릉동에 설치되어 우라늄으로 핵반응을 일으켜 방사능 물질을 만들고 열을 내뿜는 장치로 꾸준히 활용되며 1995년까지 가동되다가 수명을 다했다. 현재 트리가 마크-2 원자로는 국가등록문화재 제577호로 해체·보존 중이다.

原子爐 트리가마크Ⅱ

孔陵에서 竣工式

아시아에서 세번째로 큰 원자력연구소의 기공식 10월에 서울·비롯 원자력 관계자의 [핵제기사9면]

2메가와트급 원자로「트리가마크Ⅱ」의 爐心部.

김씨는 일본에서 강제송환 당했으며, 미국 정보 당국에서 일하는 첩보원도 아니었다. 한마디로 "우라늄 운운의 유서 내용은 근거가 없는 허무한 사실" 이었다. 한국 최초의 원자로 '트리가 마크-2'. (『경향신문』 1972년 5월 10일)

    1953년의 사건이 일어난 ㄷ호텔은 1980년대 후반 오피스텔로 개조되면서 건물이 완전히 바뀌었다. 오랜 세월 여러 건물이 들어서고 또 사라지면서 지금은 지역 일대가 완전히 다른 도시처럼 바뀌었다. 어느 쪽으로 보건 당시의 사건도, 충무로의 옛 풍경도 알아보기 쉽지 않다. 굳이 찾아 보자면 그 무렵부터 영업하던 근처 설렁탕집이 같은 간판을 걸고 오늘도 장사 중이지만, 역시 그때의 모습은 거의 남아 있지 않다.

우라늄과 이중간첩

012

일지매와 해당화단

매화 꽃나무 가지를 남기다

최근에도 몇 차례 만화나 영화로 소개된 적이 있기에 도적 일지매에 관한 이야기는 한국인들에게 친숙한 편이다. 조선시대를 배경으로, 도적이면서도 어쩐지 의롭기도 한 사람이다. 정체를 철저히 숨겼기 때문에 어떻게 생겼는지, 그가 진짜 누구인지에 대해 아는 사람이 드물다. 다만 그에게는 도둑질을 한 장소에 자신이 왔다갔다는 표식을 일부러 남기는 기이한 버릇이 있다. 그 표식은 매화 꽃나무 가지 하나다. 그래서 정체를 알 수 없는 도적의 별명이 매화나무 한 가지라는 뜻의 일지매一枝梅가 되었다.

보통 일지매 이야기의 원조로 꼽는 것은 중국 명나라

의 소설가 능몽초凌濛初가 쓴 소설집 『이각박안경기二刻拍案
驚奇』에 나오는 도둑에 관한 이야기다. 소설 속 난룡嬾龍이라
는 도적은 뛰어난 솜씨로 성공한 절도를 자랑하듯 자신이
머물다 간 자리의 벽에 매화 한 가지를 그려놓았다고 한다.
이 소설이 조선으로 흘러들어 유행하면서 일지매 이야기가
실화처럼 자리 잡았던 듯싶다. 조선시대에는 소설이 종이책
으로 유통될 뿐만 아니라 전기수傳奇叟에 의해 퍼져나가기도
했다. 사람들에게 이야기를 들려주는 것으로 돈을 벌었던
사람들은 흥행을 위해 최대한 실감나게 전달하려고 애썼을
것이다. 그러므로 소설 속 사연을 실화라고 착각하는 경우
는 현대보다 더 자주 일어났을 것이다.

일지매와 비슷한 도적이 실제로 활동한다는 소문은 비
교적 구체적인 묘사와 함께 상당히 오랜 기간 퍼져 있었다.
그중 19세기 초 한양 시내에 도는 여러 재담才談을 모은 『추
재기이秋齋紀異』에 실린 이야기가 가장 잘 알려졌다. 이 책에
따르면, 일지매는 탐관오리의 재물을 훔쳐 가난한 사람들
에게 나누어주는 의적이고, 몸동작이 대단히 날래 처마 사
이를 날아다니거나 벽에 붙어 다닐 수 있다고 적혀 있다. 그
대신 표식을 남기는 방법이 『이각박안경기』와는 약간 다르
다. 벽에 그림을 그리는 것이 아니라, 매화 한 가지를 그린
붉은 종이를 두고 갔다고 되어 있다. 그 이유는 명확하게 제
시되어 있다. 다른 사람이 도둑 혐의를 받아 억울하게 체포

되는 것을 막기 위해, 자신이 저지른 일을 밝히고자 일부러 표식을 남겼다고 한다.

이 이야기는 『이각박안경기』 속 묘사보다 좀더 현실적이다. 절도 행위에 앞서 화구를 챙겨 나와 여유롭게 벽에 그림을 그리며 시간을 보낸다는 것보다는 미리 그려둔 그림을 뿌려 놓고 가는 쪽이 훨씬 간편하다. 표식을 남기는 이유 역시 막연한 자기과시뿐만 아니라, 누군가 누명을 쓸지도 모르는 가능성을 막는다는 합리적인 생각이 제시되었다. 가난한 사람을 돕기 위해 도적질을 한다는 일지매의 의로운 성격과도 통한다.

『추재기이』 외에도 멀지 않은 시기에 성해응成海應이 남긴 「기도記盜」라든지, 홍길주洪吉周의 『수여방필睡餘放筆』에도 비슷한 이야기가 기록되어 있다. 중국 소설집 『이각박안경기』가 1630년 무렵 나왔는데, 그 후 조선에서 무려 250년 이상 일지매 이야기가 현실처럼 유통되었다는 말이 된다.

일지매라는 별명이 붙은 도둑이 실제로 활약했기 때문에 이만한 인기를 누렸을까 하는 추측도 떠오른다. 조선시대 임금의 비서 역할을 하던 부서인 승정원의 업무 내용을 기록한 『승정원일기』의 1716년(숙종 42) 9월 4일 기사를 보면, 숙종이 민진후閔鎭厚라는 신하와 함께 죄인 '일지매'를 풀어주는 것에 대해 짧게 의논하는 장면이 나온다. 마침 중국에서 일지매 소설이 나온 17세기 초와 『추재기이』 등이 인기를 끌었던 19세기 초의 사이에 해당하는 시기다. 이는 두 이야기의 다리가 될 수도 있다. 하지만 아쉽게도,『승정원일기』기록 앞뒤에는 여타 상세한 설명이 없다. 일지매라고 지칭된 사람의 죄가 정확히 무엇인지, 또는 이 인물을 왜 잡아들였으면서도 풀어주려고 하는지는 적혀 있지 않다.

여기서 좀더 나아가『승정원일기』의 일지매 언급과 같은 날에 기록된『조선왕조실록』을 살펴보면 어떨까 한다.『조선왕조실록』에 따르면, 이날 민진후와 숙종의 대화 중에는 윤팽수와 갑술이라는 사람의 수사에 관해 언급된다. 윤팽수와 갑술은 1712년에 발생한 과옥科獄 사건으로 잡혀들어왔다. 그러니 마침 같은 날『승정원일기』에 기록된 민진후와 나눈 일지매 이야기도 윤팽수와 갑술이 연루된 과옥 사건과 관련이 있지 않을까 생각할 수 있다.

여기서 과옥이란 과거 시험의 부정과 문제로 여러 사람을 수사했던 사건을 말한다. 1712년의 과거 시험 중 유독 비가 많이 와서 혼란스러운 날이 있었는데, 하필 응시자의 숫자도 많아서 진행이 제대로 되지 않았다는 지적이 돌았다. 시험장에 들어오지 못한 사람들은 임시로 설치한 외부 천막에서 시험을 치렀는데, 그 때문에 관리 감독이 더 부실했다고 한다. 그러면서 시험에 부정이 있었다거나 시험 문제를 미리 빼돌렸다든가 하는 이야기가 흘러나오면서 중대한 사건으로 비화된 것이다.

이 논리대로라면『승정원일기』속 일지매는 조선시대 가장 많은 사람의 이목이 쏠리는 문서였던 과거 시험 문제의 도난과 관련 있는 인물이라는 추측도 가능해진다. 유일하게 붙잡혀 기록을 남긴 사건이 하필 입시 비리라니, 과연 일지매가 오랜 기간 한국인의 관심을 받을 만한 도적답다는 생각도 하게 된다. 물론 냉정하게 돌이켜본다면, 일지매에 대한 상세한 기록을 다른 책에서는 찾아볼 수 없고, 더군다나 그 남아 있는 기록조차도 갇혀 있는 일지매를 풀어주라는 이야기였다. 일지매는 사건의 주범이라기보다는 사건과 관련해 조사받느라 잡혀온 여러 명 중 한 사람일 뿐일 가능성이 더 높다. '매화 한 가지'라는 이름 역시 특정인의 별명이 아니라 그것을 지칭할 수 있는 다른 무엇이었을지도 모른다.

일지매보다 유명한 해당화

일지매 이야기는 더욱 발전해 완연히 소설화된 것으로 보인다. 20세기에 들어서는 1916년 5월 21일,『매일신보』에 장지연張志淵의 '일사유사逸士遺事 시리즈'의 한 에피소드로 소개되었고, 1928년『십삼도재담집十三道才談集』의 에피소드나 1929년『포도대장 장지항과 의도 일지매 실기』등의 단행본으로 유통되기도 했다.

결국 일지매는 정확한 실체가 없는 상상 속 인물일까? 아니면 정체를 완전히 숨기는 데 성공한 도적이었기 때문에 투옥되었으면서도 당국을 속여 잘 빠져나왔고, 이후에도 그 누구도 정확히 추적하지 못하도록 소설과 소문이 섞이는 어지러운 이야기 속으로 숨어든 사람일까? 기이하게도, 세월이 흘러 세상이 완전히 바뀌어 1960년이라는 현대에 이르렀을 때, 부산을 중심으로 비슷한 사건이 화제가 된 적이 있다.

1955년 홍콩 영화 〈해당홍海棠紅〉에서부터 시작해보자. 이 영화는 1950년대 후반 한국에 수입되어 〈해당화〉라는 제목으로 개봉되었다. 얼굴을 복면으로 감춘 뛰어난 도둑이 주인공이다. 적수이기는 했지만 목숨을 빼앗을 생각까지는 없었던 누군가를 죽게 만든 뒤, 도둑질을 그만두려 하면서 여러 사건이 펼쳐진다. 전후 사정을 보면, 주인공 도둑은 복면과 같은 무늬가 새겨진 천 조각을 표식으로 남겨두었는데, 아마 그 천에 해당화 무늬가 그려져 있었기 때문에 도둑의 별명도 해당화가 된 것 아닌가 싶다.

〈해당화〉는 서울 국도극장에서 개봉되어 10만 명에 달하는 관객을 모았다고 한다. 당시는 영화의 디지털 파일을 일제히 뿌려서 전국의 극장들에서 동시에 같은 영화를 보는 방식이 아니라, 적으면 한두 벌밖에 되지 않는 필름을 이곳저곳 돌려가며 상영했다. 그러므로 단 하나의 극장에서 상영한 것만으로 몇만 명의 관객을 모았다는 〈해당화〉의 홍

일지매와 해당화단

1950년대 후반 한국에 수입되어 개봉
된 〈해당화〉는 10만 명에 달하는 관객
을 모았다. 1950년대 말에서 1960년
대 초 영화 속 도적이 엄청난 화제였을
것으로 추측된다. 영화 〈해당화〉 포스터.

행은 지금으로 따지면 수백만 명, 어쩌면 1,000만 명에 가
까운 관객 동원 기록이라고 보아야 할지도 모른다. 심지어
『경향신문』 1957년 7월 4일 기사에는 〈해당화〉 필름 9권
중 4권이 단절되어 있는데도 영화를 계속 상영해 당국에서
이를 중지시켰다는 소식이 보일 정도다. 필름의 44퍼센트
정도가 파손되어 있는 판본을 상영해도 관객들이 모여들어
그 상태로 계속 극장이 영업할 수 있었을 정도였기에 강제

로 중단시켰다는 뜻이다.

지금은 〈해당화〉라는 영화를 기억하는 사람이 한국은 물론 중국어권에도 많지 않지만, 1950년대 말에서 1960년대 초 무렵에는 영화 속 도적이 엄청난 화제였을 것으로 추측된다. 어쩌면 이 시기 한국에서는 전통적인 캐릭터인 홍길동이나 일지매뿐만 아니라 전 세계적으로 잘 알려진 아르센 뤼팽Arsène Lupin보다도 해당화가 더 유명했을 수도 있다. 왜냐하면, 해당화라는 별명의 도적이 실제로 한국에 출현했기 때문이다.

부산 제일은행 강도 사건

우선 『동아일보』 1960년 7월 2일의 '휴지통' 코너에 실린 소식을 보자. 전라도 남원 지역에서 활약한 폭력 범죄 집단의 이름 중 '거미줄'과 '해당화'가 눈에 띈다. 이 해당화라는 조직이 광한루에 본부를 두고 경찰에 협력하며 관광객들을 안내하거나 관광지 질서를 유지하는 일을 담당하면서 지역사회를 돕는 쪽으로 전향했다고 한다. 의적에 가까운 영화 속 해당화의 모습을 따라 하려 시도한 게 아닌가 싶다. 게다가 1960년 7월은 5·16군사쿠데타로 집권한 군인 세력이 민심을 얻기 위해 폭력 조직을 과감히 단속하겠다고 열렬히 선전하던 무렵이었다. 그러니 조직의 생존을 위해서라도 당국에 협력하는 활동을 강화할 필요가 있었을 것이다.

더 유명한 한국의 해당화로는 같은 해 3월 부산에서 벌어진 은행 강도 사건을 꼽을 수 있다. 1960년 3월 30일 오후 4시 40분경, 부산 좌천동의 제일은행 부산진 지점에 칼과 다이너마이트처럼 보이는 무언가를 들고 나타난 강도들이 86만 환의 현금을 탈취해 도망쳤다. 『동아일보』 3월 31일 기사를 보면, 이날 사건에서 범인들이 들이민 것은 배터리처럼 생긴 장치였다. 배터리의 외피 위에 적당한 모양을 그려서 다이너마이트로 눈속임했거나 배터리 속에 무언가를 끼워 넣은 사제 폭탄 비슷했던 것이다.

가짜 다이너마이트로 치부할 만한 이 장치에 은행원들이 겁을 먹은 데에는 이유가 있었다. 한 해 앞서 1959년 5월 4일 낮, 부산의 국제시장 안에 있는 제일은행 지점에 진짜 폭탄을 들고 위협한 강도 사건이 벌어졌기 때문이다. 다이너마이트를 들고 와서 60만 환을 요구하던 강도가 상황이 불리해지자 실제로 다이너마이트를 폭파시켜버렸다. 강도는 즉사했고, 주위의 은행원 3명이 부상을 당했다.

1960년 3월 30일의 사건은 그로부터 1년도 지나지 않은 시점에 벌어졌고, 같은 제일은행에 같은 부산 지역 지점이다 보니 은행원들로서는 겁먹을 상황이었다. 특히 지나치게 당당한 강도단의 행색이 인상적이었던 것 같다. 정말

엄청난 무기를 갖고 있다든가, 또는 대단히 위험한 사람들
이라는 위압감을 주었던 것 아닌가 싶다.

이 기사에 따르면, 강도단이 은행에 침입한 것은 정규
업무를 마치고 정문을 닫은 뒤 남은 일을 정리하던 때였다
고 한다. 은행의 정문을 닫은 시각은 4시였고, 강도단이 그
로부터 30분 정도가 지나 침입했다. 비상구를 통해 은행으
로 들어왔는데, 아무런 거리낌 없이 유유히 움직여서 처음
에는 아무도 이상하게 생각하지 않았던 것 같다.

강도는 둘 다 흰 마스크를 쓴 트렌치코트 차림이었다.
1명은 회색 중절모를, 1명은 하늘색 운동모자를 눌러썼다
고 한다. 나이는 30대 중후반 정도였고, 행색이 말쑥했는지,
기사에서는 '신사풍'이었다고 묘사했다. 그중 중절모를 쓴
남자가 현금출납계 책상 앞까지 가더니 갑자기 코트 안에서
칼을 꺼내 들이밀었다. '일본식 식도食刀'라는 설명으로 미
루어보았을 때 특별한 무기였다기보다는 비교적 크고 날카
로운 요리용 칼이었던 것으로 짐작된다.

남자는 "꼼짝 마라. 움직이면, 저기서 다이너마이트를
터뜨린다"고 말했다고 한다. 그리고 남자가 가리키는 방향
인 문 앞에서는 운동모자를 쓴 사람이 한 손에 카키색 배터
리, 그러니까 폭발물로 의심되는 물체를 들고 있었다고 한
다. 운동모자를 쓴 남자는 소리를 지르며 위협했고, 라이터
를 꺼내 불을 붙일 것처럼 굴기도 했다. 협박은 바로 먹혀들

었고, 이때 겁을 먹은 남자 은행원 25명과 여자 은행원 8명이 거의 대부분 도망쳤다고 한다. 중절모를 쓴 남자가 미리 준비해왔던 황색 자루에 돈을 쓸어 담았다. 86만 환의 돈을 훔쳐서 도망치는 데 걸린 시간은 불과 3분 정도였다.

86만 환의 가치를 정확히 설명하기는 쉽지 않지만 지금 화폐가치로는 1,000만 원은 충분히 넘을 것이다. 엄청난 거액까지는 아닐 수도 있지만, 백주대낮 시내 한복판에서 배터리 덩어리를 들고 위협하는 남자 2명에게 빼앗겼다고 보면 허무할 만큼 많은 금액이다.

이런 어이없는 범행이 성공한 데에는 1959년의 진짜 다이너마이트 강도 사건 외에도 또 다른 이유도 있었다. 범행 시점인 1960년 3월 30일은 4·19혁명을 불과 20일 앞둔 시기였다. 즉, 자유당 정권의 부정부패가 극에 달한 시기였다는 의미다. 특히 대한민국 역사상 최악의 부정선거로 손꼽히는 3·15 부정선거가 일어난 직후여서, 마산 일대에는 자유당 정권에 항의하는 격렬한 시위가 이어지고 있었다. 지금은 대개 마산 3·15 의거라고 불리는 사건이다.

자유당 정권은 이 시위를 진압하고 영향을 줄이기 위해 부산·마산 지역에서 대규모 비상경계를 시행 중이었다. 『동아일보』 3월 31일 기사에 따르면, 제일은행 강도 사건 당일에도 비상경계는 이어지고 있었다. 당시 부산 일대의 경찰들은 부정선거 반대 시위를 막는 데 골몰하고 있었기에 강도 범죄를 재빨리 차단하고 추적할 수 있을 만한 여력이 없었던 것으로 보인다. 독재정권이 저지른 부정선거라는 범죄를 숨기는 데 경찰을 모조리 동원했으니, 은행 강도를 잡을 사람이 없었다는 뜻이다.

해당화 강도단

대담한 범죄 수법과 치밀한 준비로 미루어보면, 강도단은 애초부터 이러한 정치 상황을 가늠하고 자신들의 범죄에 활용할 생각을 했던 것 같다. 범인이 도주를 시작하자 현금출납계 담당 은행원 강대진이 쫓았는데, 범인은 다시 한번 폭탄으로 보이는 물체로 위협한 뒤 강대진이 주춤한 틈을 타 트렌치코트와 모자를 길바닥에 벗어던졌다고 한다. 아마 이때 또는 이 직후에 마스크도 벗어던진 것 아닌가 싶다. 그렇게 범인들은 많은 사람에게 목격당한 것과는 전혀 다른 행색으로 순식간에 모습을 바꾼 뒤 그대로 금성중고등학교 근처의 주택지 골목길 안으로 숨었다. 이후 추적은 끊어지고 말았다.

범인에게 현상금 20만 환이 걸렸다. 『동아일보』 3월 31일 기사를 보면 경찰은 바로 기차역 쪽에 수사망을 집중시키는 한편, 『동아일보』 4월 1일 기사에 따르면, 부산 일대해안선을 봉쇄해 범인이 바다로 도주하는 것도 막고자 했다. 산에도 경비 병력을 배치해서 부산 바깥으로 탈출하는 것을 막은 뒤 부산 일대를 모조리 뒤지는 노력을 기울였다. 그 와중에 4월 1일 오전 10시 30분에 부산 환락가에서 조씨라는 사람이 자기 집에 범인이 자고 있다고 신고했다고 한다. 하지만 막상 주소지를 찾아가자 조씨는 "오늘은 만우절이라서 무슨 거짓말을 해도 처벌을 안 받는다고 해서 농담을 한 것이었다"고 변명하는 황당한 일이 벌어지기도 했다.

모든 일이 장난처럼 흘러간 것만은 아니었다. 『동아일보』 4월 1일 기사에는 범인이 버린 배터리가 진짜 폭탄이 맞는다는 소식이 실렸다. 이 기사에 폭탄은 '티엔티'라고 적혀 있다. 군사 목적이나 전쟁용으로 사용되는 고성능 폭약 트리니트로톨루엔2, 4, 6-Trinitrotoluene, 즉 TNT를 말하는 것으로 보인다. 실제 사용 가능한 상당량의 TNT를 확보했다면, 이 강도단은 군용 무기로 사용하는 TNT를 어떤 식으로든 빼돌렸을 가능성이 크다고 추정해볼 수 있다. 겉모습이 배터리와 유사해 보였다는 점도 TNT를 터뜨리기가 어렵다는 문제를 해결하기 위해 기폭 장치를 부착했기 때문이 아니었겠느냐 하는 상상도 해볼 만하다. 그렇다면 강도단은 단순히 가짜 폭탄으로 쇼를 한 광대 같은 무리가 아니라, TNT를 구할 수 있고 그 TNT에 기폭 장치를 설치하는 기술도 구비한 상당한 실력자들이라고 추측할 수 있다.

강도단은 차차 악명을 떨치게 되었다. 사건 발발 후 열흘 정도가 지나자 범인이 부산을 빠져나갔을 가능성이 높다고 판단되었는지, 『동아일보』 4월 9일 기사에는 대구에서 검거한 박씨가 제일은행 강도 사건의 범인일지도 모른다는 소식이 실렸다. 5월 6일에는 부산 동래경찰서에서 살인 강도범 한씨를 체포했는데, 『동아일보』 5월 8일 기사에 따르면, "제일은행 강도도 안 잡혔는데" 자기들도 일을 저질러 보자고 결심했다는 범행 동기가 언급되었다. 아마 제일은행 강도단은 부산, 경남, 경북 일대를 대표한다고 할 만한 범죄자로 취급되고 있었던 것 같다.

결국 이들은 사건 발생 후 3개월 이상이 지난 7월에 체포되었다. 이들의 이름이 바로 '해당화단', 즉 '해당화 강도난'이라고 했다. 두 사람 모두 32세로 두목은 전씨, 공범은 박씨였다. 제일은행 강도 사건의 목격자들이 그들을 30대 중반 이후로 생각한 것은 아무래도 범행 현장에서 느꼈던 위압감 때문에 나이를 좀 높여 본 게 아닌가 한다. 『조선일보』 7월 3일 기사에 따르면, 이들은 제일은행 강도 사건뿐만 아니라 서울, 부산, 대구 등 주요 도시에서 강도 범죄를 14차례 저질렀으며, 그보다 훨씬 많은 수의 절도를 행했다고 한다.

해당화단이라는 명칭이 붙은 『동아일보』 7월 3일 기사에도 실린 것을 보면, 아무래도 경찰의 공식 발표에서 그 명칭을 사용한 게 아닐까 싶다. 또 부산 일대에서 해당화라

두 사람으로 구성된 '해당화 강도단'은 서울, 부산, 대구 등 주요 도시에서 14차례의 강도 범죄와 수많은 절도를 저질렀다. (『조선일보』 1960년 7월 3일)

는 강도단이 어느 정도 알려져 있었다고 짐작 가능하다. 이 기사에 따르면, 해당화단은 몇 년 동안 모습을 감추어서 추적이 어려웠는데, 제일은행 강도 사건으로 다시 등장했다가 결국 붙잡혔다고 적혀 있기 때문이다.

부산 제일은행 강도 사건에서 1년 이상 앞서는 1959년 1월 25일, '해당화 사건'이라고 분류할 수 있을 만한 종류의 강도 사건이 벌어졌다. 『경향신문』 1월 26일 기사에 따르면, 서울 서대문구의 미곡도매상 안동상회에 저녁 6시 30분경 강도가 들었다고 한다. 45구경 권총을 든 키 작은 남자와 카빈 소총에 장착하는 대검을 든 키 큰 남자가 금고 속 돈 10만 환을 강탈해 사라졌다고 한다. 이 기사에서는 1월 부산의 보수동 파출소 인근 미곡상에서 벌어진 강도 사건을 언급하면서 그 사건의 범인을 경남경찰국에서 '해당화 강도단'이라는 별명으로 부른다고 설명했다.

이 기사에 따르면, 서울 서대문구에서 확인된 범죄 수법이 부산 보수동의 해당화 강도단의 수법과 닮은 점이 많기 때문에 동일범의 범행으로 간주한 것이다. 목표물로 미곡상을 노렸다는 점, 두 사람이 각각 권총과 칼로 무장했다는 점, 사람들을 한방에 몰아놓고 돈을 훔쳤다는 점, 쓰고 있던 마스크를 범행 후 버리고 도주했다는 점 등에서 일치한다. 그린 점에서 1960년 7월에 검거된 전씨 일당이 정말로 해당화단이고 전국에서 벌어진 여러 강도 범죄의 진범이라는 이야기도 그럴듯하기는 하다.

서울 대한여행사 강도 사건

중국어권의 픽션에서 시작된 도적 이야기가 한국에서 인기를 끌었고 나중에는 그 이름을 단 실제 도적이 발생하며 사람들 사이에 더 큰 화제를 모았다는 점에서 1960년의 해당화와 조선시대의 일지매는 비슷하다. 놀라운 무예 솜씨를 갖춘 도적이 엉뚱하게도 아름다운 꽃을 자신의 상징으로 삼았다는 특징까지 닮았다. 어쩌면 조선시대 숙종대 병신처분丙申處分, 즉 노론과 소론 사이에서 1681년에 있었던 회니시비에 대해 1716년(병신년) 국왕인 숙종이 판정을 내린 무렵의 정치 혼란과 1960년 4·19혁명 직전의 부정부패야말로 이상한 범죄가 발생하고 기이한 이야기로 퍼져나갈 수 있었던 공통된 배경이었는지도 모를 일이다.

일지매 이야기에 말끔하지 않은 수수께끼 같은 부분이 남아 있듯, 해당화 이야기에도 해결되지 못한 내용이 남았다. 『조선일보』 1962년 6월 6일 기사를 보면, 서울 대한여행사의 권총 강도 사건을 조사하는 과정에서 임씨라는 사람을 체포했는데, 그를 두고 해당화단원 중 유일하게 도주에 성공했던 인물이라고 설명한다. 이 기사에서는 해당화단의 두목을 전씨가 아닌 김씨로 소개하기는 하지만, 이름이 동일하고 한자로 전全과 김金이 착각을 일으킬 만한 글자라는 점을 감안할 때 동일한 조직을 일컫는 듯싶다.

그렇다면 해당화단은 3인조였을까? 이 기사에 소개되었던 3건의 강도 중 3인조로 이루어진 강도 사건은 확인되지 않는다. 그렇다면 임씨의 역할은 무엇이었을까? 정말 해당화단원이 맞을까? 『조선일보』 6월 6일 기사에 소개된 임씨의 행적은 길거리에서 개를 잡아 팔아넘기는 업자로 살아

前科者「林」을 逮捕
旅行社깽 眞犯으로 推定

길거리에서 개를 잡아 팔아넘기는 업자가 정말로 해당화단원일까? (『조선일보』 1962년 6월 6일)

왔다고 되어 있다. 보통 사람은 흉내내기 어려운 기술을 갖고 있는 특수 강도와는 거리가 멀고, 해당화단과는 더욱 거리가 멀다. 그렇다면 왜 임씨를 대한여행사 권총 강도 사건의 용의자로 수사했으며, 왜 해당화단원이라고 짐작한 것일까? 이렇게 분명치 않은 지점이 속속 출몰하는 사연이라면, 완전히 법망을 피하는 데 성공해서 자신이 1950년대 말 해당화단원이었다는 사실을 숨긴 채 21세기까지 일평생을 살아온 사람이 있었을 가능성은 없을까?

일지매와 해당화단

013

풍마동을 훔치다

황금보다도 더 귀한 금속

중국 자금성의 성벽 위에 세워둔 망루 건물(각루角樓)의 지붕은 붉은색과 누르스름한 색이 오묘하게 섞여 있어 해질녘이나 일출 무렵에 보면 멋지다. 그 때문인지 청나라 시절 국경을 넘나들던 조선인들 사이에서는 각루의 지붕에 대한 관심이 높았다. 조선 후기 과학자로 잘 알려진 홍대용洪大容은 1766년 북경을 방문하고 쓴『연기燕記』에서 각루의 지붕이 신비한 금속으로 만들어졌다고 기록했다. 홍대용은 그 금속의 이름을 '풍마동風磨銅'이라고 전했다.

풍마동을 글자 그대로 풀이하면 바람 풍, 연마한다는 뜻의 마, 구리라는 뜻의 동을 쓴 단어이니, 바람에 연마되는 구리 같은 금속이라는 뜻이다. 『연기』를 비롯한 조선시대의 기록들에 따르면, 풍마동은 세월이 흐를수록 오히려 색이 더 강해지는 금속이라고 설명한다. 모든 금속은 세월이 흐르면 비바람을 맞으며 녹이 슬거나 색이 바래 점점 낡아가는 게 자연의 섭리라고 옛사람들은 믿었다. 그런데 풍마동이라는 놀라운 금속은 세월이 흐르는 동안 거꾸로 점점 더 색이 강해진다. 섭리를 거스르는 기적의 금속이며, 나아가 시간의 흐름을 거슬러 불로불사의 꿈을 상징하는 물질이 바로 풍마동인 셈이다. 그 때문에 조선시대 기록에서 풍마동에 대한 이야기를 찾아보면, "황금보다도 더 귀한 금속"이라는 설명이 따라 나오기도 한다.

조선인들의 자금성 방문기에는 풍마동이 서역에서 구해온 재료라는 소문도 함께 실렸다. 홍대용이 활동하던 무렵이면, 신항로 개척 시대가 다 지나가던 무렵이자 유럽인들이 전 세계를 돌아다니며 활발한 무역 활동과 침략을 벌이던 시기다. 헨드릭 하멜Hendrik Hamel이나 얀 야너스 벨테브레이Jan Janes Weltevree처럼 조선까지 도착한 유럽인들도 있었거니와, 지식인들 사이에서는 조선과 대단히 다른 문화와 기술을 가진 머나먼 서쪽 나라들에 대한 정보가 어느 정도 알려져 있었다. 그러므로 자금성과 북경은 조선인들에게 그런 다른 세계와 새로운 문화를 가진 나라와 접할 수 있는 창구라는 상징으로 강렬하게 다가왔던 것 같다. 그 때문에

18세기 조선인들의 눈에는 자금성 같은 건축물에서도 머나먼 외국 문물인 풍마동이 가장 인상적으로 다가왔던 것 아니었을까?

그런데 풍마동이 중국에만 있었던 것은 아니다. 대한민국에도 황금보다 귀하다는 풍마동으로 만든 탑이 있고, 나아가 풍마동 탑을 훔친 사건이 벌어졌다. 이 이야기를 풀어가기 위해서는 배경을 충청남도 공주의 마곡사라는 절로 옮겨가야 한다.

마곡사 5층 석탑의 비밀

마곡사는 충청남도 지역을 대표하는 아름다운 불교 사찰로 다양한 문화재를 품고 있는 규모가 큰 건물군이다. 신라시대 최고의 명필인 김생金生이 썼다는 유래가 전해지는 글씨도 있고, 조선시대에는 드물었던 2층 구조의 대웅전과 창고 용도의 중층重層 고방庫房 건물도 있다. 이 건물들은 현대에 한옥 구조를 살린 건물을 설계하려는 사람들에게 영감을 주는 대표적인 유적이기도 하다. 심지어 마곡사는 독립운동가 백범 김구가 탈옥 후 은신했던 곳이라는 점으로도 유명하다. 그중 풍마동 전설과 관계있는 것은 사찰 내 탑이다.

자금성처럼 광택 어린 색을 자랑하는 귀금속 탑은 아

니다. 이는 대한민국 보물 제799호로 지정된 5층 석탑이기도 하다. 그런데 탑의 맨 꼭대기 부분이 여타의 탑들에서 찾아보기 어려운 기묘한 형태로 이루어졌다. 어두운 색깔의 금속으로 만든 묘한 구조물인데, 보통 탑처럼 네모난 건물 모양이나 각진 지붕 모양이 아니라 둥근 형태다. 표면은 주름이 잡힌 것처럼 섬세하고 정교하게 장식되어 있다.

지금도 그렇지만 티베트는 불교가 왕성하게 발달한 국가다. 지리적으로 석가모니의 활동 지역과 가까운 편이었고, 중국을 통해 들어온 한국 불교와는 달리 인도에서 곧장 받아들인 불교 문화가 성장했다. 티베트 최고의 불탑이라고 하는 간체 쿰붐Gantse Kumbum을 예로 들어보자. 바닥에는 네모 모양의 여럿 계단 형태로 쌓인 받침이 있고 그 위에 둥글게 솟은 탑의 몸체가, 다시 그 위에 뾰족하게 여러 단으로 높이 솟아오른 중심부가 있다. 그리고 신기하게도, 공주 마곡사 석탑의 꼭대기 부분의 금속 구조물이 바로 티베트에서 유행한 탑 모양이다.

말하자면 현재의 마곡사 5층 석탑은 한국식 5층 석탑 위에 다시 티베트식 금속 탑을 올린 모습, 즉 탑 위의 탑 형태로 된 기묘한 구조다. 현대 학자들 중에는 절이 파괴되고 재건되고 석탑이 부서지고 다시 세워지는 과정에서 누군가 이렇게 재배치하며 원래 석탑의 전체 형태와는 달라졌을 가능성이 높다고 보는 이들도 있다. 임진왜란 당시 절이 파괴

공주 마곡사 5층 석탑의 꼭대기 부분의 금속 구조물은 티베트에서 유행한 탑 모양이다. 다시 말해 한국식 5층 석탑 위에 티베트식 금속 탑을 올린 기묘한 모습이다.

되었고, 그 안의 문화재가 일본군에게 약탈되었다는 이야기도 꽤 퍼졌기 때문에 나름 설득력이 있다.

　문화재청 자료에 따르면, 티베트 양식의 탑이 충청남도에 와 있는 이유는 고려시대 몽골을 통한 문화 교류가 성행했기 때문으로 추정된다. 몽골은 13세기 무렵 티베트를 점령했는데, 그 후 오히려 몽골인들이 티베트 불교 문화에서 크게 영향을 받았다. 그러면서 몽골에서 간섭을 받으며 긴밀한 교류를 유지했던 고려 땅에도 티베트 문화가 건너온 게 아닐까 한다. 예를 들어 고려의 충선왕은 몽골 임금에게 밉보여 티베트로 유배를 가야 했고, 고려를 대표하는 학자로 이름이 높은 이제현李齊賢은 충선왕을 만나기 위해 직접 티베트까지 찾아간 적도 있었다.

　따라서 티베트의 지배적인 형태의 탑을 따라 한 금속탑이 고려에서 제작되었거나, 혹은 외국에서 수입된 탑이 고려시대 무렵에 마곡사에 기증되었다고 보는 건 이상한 일이 아니다. 귀한 종교적 유물로 제작된 탑이다 보니, 재질도 쉽게 변질되지 않는 금속을 택하는 게 당연하다. 마곡사에 전해 내려오는 이야기에 따르면, 5층 석탑 꼭대기의 이 티베트 양식 부위가 바로 풍마동으로 만들어져 있다고 한다. 『조선일보』1981년 7월 24일 기사를 보면, "전 세계에 3개(한국, 중국, 인도)밖에 없다는 인도제의 풍마동"의 가치는 "전 국민의 3일간 기근을 막을 만"하다고 한다.

　3일 기근을 막을 가치가 있다는 표현을 두고 풍마동의 신비한 힘이 한국인들을 재난에서 구해준다는 식으로 해석하는 사람들도 있다. 그렇지만 곡식의 가치를 재물 가치로 환산해서 표현하던 조선시대의 다른 기록들을 생각해본다

풍마동을 훔치다

면, 한국의 국민들이 3일 동안 소비하는 곡식의 양에 해당하는 가치를 갖고 있을 정도로 비싸다는 뜻으로 보는 게 더 맞는 것 같다. 요즘 1인당 연간 양곡 소비량 기준으로 쌀값을 계산해보면 대략 500억 원에서 800억 원 정도의 가치가 나오는데, 예전에는 인구가 더 적었다는 점을 염두에 두더라도 수백억 원 정도의 가치를 가진 보물이라고 정리할 수 있을 것이다.

불교의 본산 격인 인도에는 당연히 풍마동이 있을 것이고, 조선시대 사람들 사이에 풍문으로 전해진 자금성 풍마동 이야기가 더해졌으며, 공주 마곡사 풍마동이 거기에 합쳐지면서 "전 세계에 3개밖에 없다"는 전설이 생겨난 게 아닐까? 『동아일보』 1956년 6월 2일 기사를 보면, 이 풍마동이 "2,000년 전에 인도에서 금과 동을 함께 섞어 만든 것"이라는 소문도 전하고 있다. 이쯤 되면 1956년 무렵에는 전설 속 귀금속인 풍마동으로 제작된 탑을 훔친다는 계획을 누군가 세워볼 만했을 것이다.

풍마동 도난 사건

이 사건이 처음 보도된 것은 『동아일보』 1956년 6월 2일 기사였다. 사건 발생 시기는 5월 27일 밤 10시에서 새벽 3시 사이다. 시각이 비교적 정확히 묘사된 것으로 보아, 야간에 사찰을 지키는 이가 있었고, 석탑 꼭대기의 동탑이 도난당한 지 얼마 지나지 않아 그 사실을 확인한 것 같다.

석탑 전체 크기는 8.7미터에, 동탑 자체의 크기는 1미터에서 2미터 사이다. 동탑은 운반이 불가능할 정도로 크진 않지만 무게는 상당할 것이다. 신비의 금속이 아니라 그냥 구리로 가볍게 만들어졌다고 해도 수십 킬로그램이다. 어지간한 성인 키의 3배 높이를 훌쩍 넘는 석탑의 꼭대기 부분에 얹힌 무거운 동탑을, 잠깐 사이에 훔친다는 것은 쉬운 일은 아니다.

『동아일보』 6월 21일과 26일 기사에 따르면, 이 사건은 불교계 내부의 갈등으로 비화했다. 그 갈등에는 또 다른 역사적인 배경이 있다. 전통적으로 일본 불교계에서는 불교 승려도 결혼을 하여 가정을 꾸릴 수 있다. 일제강점기에 이 제도가 한국으로 자연스럽게 전파되어, 한국인 승려 중에서도 결혼한 이들의 숫자가 늘어났다. 만해 한용운도 이러한 제도에 관대하게 대체했다고 알려졌지만, 광복 후 다시 옛 제도가 힘을 얻으면서 승려의 혼인을 비판하는 움직임이 커졌다. 현재에도 한국의 주류 불교 종파인 조계종과 천태종에서는 승려가 혼인하지 않는 것이 기본이다. 그런데 1950년대만 해도 이 갈등은 한쪽으로 완전히 기울지 않은 상태였다. 이를 두고 당시에는 '비구승과 대처승의 갈등'이라고 불렀다. 대처승이란 결혼을 한 승려를 뜻한다.

당시의 대처승들은 가정을 이미 이룬 사람이 갑자기 가족을 떠나기도 어렵거니와 종교계에 몸담는 사람으로서 종교를 버릴 수도 없는 노릇 아니냐며, 주류로 부상한 비구승들을 비판하면서 대립을 빚었다. 1955년 무렵 이 갈등이 차차 소강 국면으로 흘러가나 싶었는데, 대처승들은 1956년 6월 22일 공식 성명을 발표하며 재차 비구승에 대한 적극적인 비판을 시작했다. 비판의 근거 중 하나로, 대처승은 비구승이 마곡사 풍마동 같은 보물을 제대로 관리하지 못한 책임이 크지 않느냐고 공격했다. 이 분쟁에 관한 소식을 전한『동아일보』6월 26일 기사의 제목에서 풍마동을 언급한 것을 보면, 적어도 풍마동 사건이 불교계의 대립을 키우는 중요한 소재 중 하나로 작용했던 것 같다.

그러다가 두 달 넘게 흘렀을 무렵, 사라졌던 풍마동이 다시 발견되었다는 소식이 보도되었다. 9월 7일 밤 11시경의 일이었다고 한다. 한밤중에 갑자기 동탑이 사라진 지 약 100일 만이었다. 발견된 장소는 보물을 밀거래하는 거물 장물아비의 집이나 신비의 금속으로 이상한 발명품을 만들어보려는 괴상한 과학자의 지하 비밀 실험실이 아니라, 어이없게도 마곡사에서 멀지 않은 인근의 풀밭이었다.

『조선일보』9월 9일 기사를 보면, 경찰 주도로 이루어진 수색 작업에서 근처 주민들을 총동원해서 풀을 깎아가면서 샅샅이 찾은 끝에 모든 부속품을 다 찾았다고 설명한다. 아마 동탑이 정갈한 모습으로 잘 간수되었다기보다는 이리저리 굴러다니며 널브러져 있었고, 그 과정에서 떨어져 나온 조각이 여기저기 흩어진 모습이었겠거니 싶다. 애초에 동탑을 훔쳤던 도둑이 간신히 탑 꼭대기에서 동탑을 내리는 데는 성공했지만 운반 과정에서 결국 포기하고 근처 풀밭에 탑을 버려둔 채 도망친 것일지도 몰랐다.

『경향신문』 9월 11일 기사는 좀더 자세하다. 마곡사 경내에 살면서 여관을 운영하던 김영옥이라는 사람이 집 주변 잡초를 제거하다가

국보『風麻銅』盜難

「大田發」공주마곡사(公州麻谷寺)에 비치되어있는 국보 풍마동(風麻銅)이 지난五월二십七일하오十시부터二십八일상오三시사이에 갑짝이 없어졌다고 하는데 동마곡寺(麻谷寺)에있는 사리탑(砂利塔=五重塔)기리二갈이 一尺상부에 세워져있었던것이 겨이다

이「풍마동」은 지금으로부터「풍마동二천년전에 印度에서 만든 것이라며 동과 함께 印度에서 만든것이며 무게가 十六관이나된다 고량한다

풍마동은 도난당한 지 2개월이 지난 후에 마곡사 인근의 풀밭에서 발견되었는데, 도둑이 운반 과정에서 탑을 버린 채 도망쳤을 것으로 추측된다. (『동아일보』 1956년 6월 2일)

화장실 근처에서 숨겨진 동탑을 발견했고, 이후 경찰에 신고했으며 추가 수색 과정에서 나머지 흩어진 부품들도 발견했다고 한다. 아마 도둑이 심야에 허겁지겁 동탑을 감추는

풍마동을 훔치다

과정에서 본체는 풀숲 사이나 얕은 흙더미 속에 어느 정도까지 묻었는데 몇몇 부품을 분실했던 모양이다.

동제 은입사 향로가 발견되다

이제 수사의 초점은 누가, 어떻게 동탑을 훔쳐갔느냐로 옮겨갔지만, 쉽게 진전되지 않았다. 심지어 『동아일보』 9월 16일 기사에는 도둑이 없었던 사건이 아니냐는 추측이 기사화되기도 했다. 근거가 확실치는 않은 추측임을 밝히면서, 이 사건이 금전을 노리고 보물을 훔치려는 시도가 아니라 마곡사 또는 주변 승려들의 알력 다툼의 결과가 아니었을까 하는 게 기사의 내용이었다. 하지만, 사찰 내외부의 세력 다툼 때문에 누군가 동탑을 훔쳤다는 것은 어디까지나 소문에 불과하다고 생각한다. 당시 시사 문제와 맞아떨어지는 면이 있어 화제가 되었을 뿐이지, 구체적인 증거나 세부적인 내용을 밝힐 만한 정황이 보이지 않았다.

풍마동 절도 사건의 진상이 제대로 밝혀지지 않고 그런 소문만 떠돌아다니던 와중, 약 1년이 지난 1957년 9월 4일 동탑이 또 사라진다. 『조선일보』 9월 6일 기사에 따르면, 이번에 동탑이 사라진 시기는 새벽 1시에서 5시 사이라고 한다. 다행히 두 번째 절도 사건은 훨씬 명쾌하게 해결되었다. 사건 발생 후 역시 100일 정도가 지난 『조선일보』 1958년 1월 18일 기사는 1월 15일 풍마동 절도단 3인조 중 2명이 강원도에서 체포되었다는 소식을 전했다. 곧 나머지 1명도 체포되며 사건은 마무리되었다.

『동아일보』 1월 23일 기사에 따르면, 범인들의 신상은 30대의 김씨와 현씨, 20대 초반의 김씨다. 세 사람은 감옥에서 만난 사이로 생활고 때문에 절도를 계획했다고 한다. 이 중 30대의 김씨가 공주 사람인 걸 보면, 그가 공주 마곡사의 풍마동 전설을 알고 있어서 다른 두 사람에게 동탑을 훔치자는 제안을 했던 것 아닌가 싶다. 나이가 어린 김씨의 주소지가 춘천인데, 이 3인조를 검거한 곳이 춘천인 점을 미루어볼 때 이들의 주 활동 무대 혹은 마지막으로 머물렀던 곳이 김씨의 집 근처였을 것으로 추측된다. 한편 동탑은 경기도 가평에 사는 현씨라는 여성의 집에 숨겨놓았다가 발견되었다고 하는데, 나이로 보아 현씨의 누나였던 것 같다.

이 기사에는 세 사람이 1957년 10월 3일, 동탑을 일부 부수어 성분 분석을 했다는 내용도 실려 있다. 셋은 풍마동에 금·은·동이 잘 섞여 있는 것이라고 믿었다는데, 풍마동이라는 신비의 금속에 대해 예전부터 그 비슷한 풍문이 있었을지도 모르겠다. 그렇지만, 분석 결과 동탑의 주성분은 구리로 밝혀졌다. 그 때문에 세 사람은 일단 동탑을 숨겨두었다고 한다. 여러 금속이 섞인 합금의 성분 분석 자체가 쉬운 기술이 아니므로, 이 3인조 역시 귀금속 전문가에게 청탁할 수밖에 없었을 것이고, 바로 그것 때문에 경찰에게 추적당하는 단서를 남겼을 거라는 생각이 든다.

두 번이나 도둑맞은 풍마동은 그렇게 제자리로 돌아왔다. 다시 10여 년의 세월이 지나 1972년 석탑이 해체 복원될 때, 그 내부에서 마곡사 동제銅製 은입사銀入絲 향로라는 이름으로 불리는 아름다운 향로가 추가로 발견되었다. 『경향신문』 12월 27일 기사를 보면, 해체 복원 과정 중 과거 두 번에 걸쳐 도굴이 이루어졌다는 사실도 드러났다고 한다. 풍마동 전설이 시린 동탑이니 은으로 장식한 향로도 그대로 둔 채 다른 물건을 두 번이나 훔쳐간 거라면, 대체 얼마나 귀한 보물이었을까 궁금해진다. 한편 여전히, 그 동탑이 어디서 만들어져 언제부터 왜 석탑 위에 놓였는지, 또 첫 번째 도난 사건의 진상이 무엇이었는지는 밝혀지지 않았다.

현대 기술로 분석한 결과에 따르면, 풍마동으로 알려졌던 동탑의 재질은 구리·주석과 상당량의 아연이 섞여 있는 것이라고 한다. 청동 재질에 가깝다고 할 수 있지만, 황동黃銅(놋쇠)의 특징도 갖고 있다. 금보다 더 귀한 신비의 금속은 아니지만, 고려시대 기술의 특징을 보여주는 재료이기는 하다. 재미있는 점은 동탑 위쪽 겉면에서 금 성분이 약간 확인되었고 수은의 흔적도 발견되었다는 사실이다. 그러니 원래는 동탑 위쪽에 수은을 이용해 황금을 입혀 놓았을 가능성이 크다. 옛날 누군가가 동탑의 금 부분만을 긁어내 훔쳐간 게 아닌가 싶다. 과거의 도둑들 역시 실제로 풍마동이라는 신비의 금속이 있다고 믿었다기보다는 차라리 겉면의 금을 더 중시했다고 해석할 수 있지 않을까?

풍마동이 과연 무엇이었는지, 왜 그런 전설이 공주 마곡사에 자리 잡았는지에 대해서는 다른 정보가 없다. 다만 나는 환경공학자로서 금속의 부식에 대해 덧붙이고 싶은 이야기가 있다. 현대에는 알루미늄이나 스테인리스강처럼, 어지간해서 녹이 슬지 않고 쉽게 반짝거리는 금속이 개발되어 널리 사용된다. 이 원리를 설명하자면, 공기가 금속 겉면에 닿으면 눈에 띄지 않을 정도로 아주 얇은 두께로 녹슨 성분이 재빨리 생겨나면서 녹이 그보다 더 많이 퍼져나가는 것을 막는 방어막 역할을 해낸다. 즉, 바람을 맞으면서 더 심하게 색이 점점 진해진다는 원리에서는 전설 속 풍마동과 같다고 할 수 있는 재료가 바로 현대의 스테인리스강이다. 과학기술의 발전과 제철소에서 일하는 노동자들 덕택에, 우리는 그런 금속을 고대 인도의 보물 창고가 아니라 주방의 숟가락과 젓가락으로 손쉽게 찾아볼 수 있는 시대를 살고 있다.

014

유령이 탄 자동차

자동차 안에는 사람이 없었다

한동안 떠들썩했지만 지금은 잊힌 여러 사건 중, 전말이 도무지 파악되지 않아 글로 정리하는 것을 미루던 사건이 있다. 사건의 최초 목격자는 유 사장이라는 사람이다. 1959년 3월 4일, 유 사장은 지금의 서울 지하철 1호선 제기동역에서 멀지 않은 용두동 인근에서 잡화점을 운영했다. 해가 지고 거리가 어두워진 그날 저녁 8시 10분경, 유 사장은 자동차 한 대가 달리는 모습을 보았다. 서울 길거리에서 차가 달린다니 너무나 당연한 일인 것 같지만, 유 사장에게는 평생 잊을 수 없는 기억으로 남게 된다.

이 사건에 대한 최초 보도는 『조선일보』 3월 5일 기사가 상세한 편이다. 자동차는 뭔가 잘못되었던지 제 길을 달리지 못하고 엉뚱한 곳으로 접어들었던 모양이다. 언덕길을 내려오는 자동차라면 속도를 줄이고 방향을 트는 게 평범한 움직임이었을 텐데, 그 차는 그렇지 않았던 것 같다. 그렇다면 유 사장은 차를 유심히 쳐다보았고, 그의 걱정대로 차는 도로를 벗어나 결국 전봇대에 충돌하고 말았다.

이 기사에 첨부된 자동차의 사진을 보면 크게 손상된 흔적은 없다. 충돌이 심하지는 않았던 것 같다. 그렇다면 언덕길도 그다지 가파르지 않았을 가능성이 높다. 그런 만큼 그 광경을 목격한 사람은 사고 직전과 직후 상황을 모두 지켜보았을 것이고, 또 이런 상황에서 운전자나 동승자가 다치지는 않았을지 걱정되어 차 쪽으로 다가갔을 것이다. 그런데 막상 차 안을 들여다보자, 흔히 하는 말처럼 눈으로 보고도 믿을 수 없는 광경이 펼쳐져 있었다. 차 안에는 사람이 아무도 없었다.

도대체 운전하는 사람이 없는 자동차가 어떻게 서울 시내 한복판을 달리고 있었던 걸까? 자동차 내부는 더욱 기괴한 모습이었다. 운전대를 비롯해 여기저기에, 심지어 차 바깥쪽까지도 핏자국이 묻어 있었다. 이 기사에는 피가 채 마르지 않은 상태였다고도 언급했다. 유 사장은 즉시 경찰에 신고했다.

경찰이 조사한 자동차 내부의 상황에 대해서는 『동아

일보』3월 5일 기사가 조금 더 상세하다. 이 기사에 따르면, 피는 조수석 쪽을 중심으로 "얽혀 있"는 모습으로, 자동차 창문에도 "사방 시커먼 피"가 묻어 있었다고 한다. 한편 차 안에는 누구의 것인지 분명치 않은 14.5인치(36.83센티미터) 치수의 신품 셔츠가 있었다. 신신백화점에서 판매한 '미광美光' 상표였고 아마도 구매 직후였던 듯 누런 상자 속에 담긴 채였다.

자동차의 왼쪽 문에는 칠이 벗겨진 자국이 선명하게 남았다. 자동차가 전봇대와 옆으로 충돌한 게 아니다 보니, 이것은 충돌 당시의 자국이 아닐 터였다. 『동아일보』기사에 따르면, 경찰은 자동차 전면이 찌그러진 모양에도 주목했다고 한다. 이 자동차가 그전에 다른 자동차와 충돌하며 사고를 일으킨 흔적일 가능성이 제기되었다고 한다. 그렇다면 자동차는 전봇대와 충돌하며 멈추기 전, 이미 다른 사고를 일으켰다는 뜻이다. 경찰은 당연히 사건 당일 이 차와 충돌했던 상대방 차량을 찾고자 했다. 그 운전자를 찾아낸다면, 주인 없는 피투성이 차량이 무슨 일을 겪은 것인지에 대한 단서도 나올 것이라고 믿었다.

그러나 1959년은 차량 사고 목격자(신고자)를 찾거나, 목격과 신고 진술 내용에 따라 특정 차를 찾아내는 작업이 지금보다 훨씬 어려웠다. 우선 전화 보급률이 대단히 낮았기 때문에 뭔가를 목격했다고 한들 즉시 신고하는 게 쉽지 않았다. 1959년의 전국 전화 보급 대수는 10만 대도 채 되지 않았고, 그나마 모두 유선전화였다. 통계청의 자료 「스마트폰 세상에서」를 살펴보면, 1960년 한국의 전화 보급률은 0.3퍼센트로 국민 1,000명 중 고작 3명꼴로 전화를 갖고 있던 시대였다.

시신으로 돌아온 '찝차'의 운전기사

한편으로는 차종 구분이 어려웠던 것도 그 교통사고를 신고하는 데 장애물로 작용하지 않았을까 싶다. 당시 신문 기사에서는 사건의 주인공인 차량을 하나같이 '찝차'라고 지칭하는데, 이는 원래 미국 윌리스사Willys에서 군용차량으로 개발한 지프Jeep 차종을 일컫는 말이었다. 제2차 세계대전 당시 지프는 다양한 지형과 기후에서도 잘 움직였고 튼튼하고 힘이 센 반면 덩치가 그렇게 크지 않았기 때문에 비행기로 실어 운송이 가능했으므로 대단히 인기 있던 차량이다.

이후 1950년대 초 미군은 제2차 세계대전 중의 지프와 비슷하지만 살짝 더 좋은 성능으로 개량된 지프 M38이라는 모델을 사용했는데, 이 모델이 6·25전쟁 중에 한국에 도입되어 미군과 한국군에게 널리 사용되었다. 애초에 이 모델의 이름 M38이 38선에서 따왔다는 풍문이 있을 정도

유령이 탄 자동차

6·25전쟁 중 한국에 도입된 지프 중 M38은 38선에서 따왔다는 풍문이 있을
정도로 6·25전쟁을 상징하는 장비였다.

로 6·25전쟁을 상징하는 장비이기도 했다.

그렇다 보니 6·25전쟁 이후 한국에는 군용과 정부 기
관 목적으로 공급된 M38과 다양한 지프 모델이 굉장히 많
이 돌아다녔다. 윌리스사에서는 아예 M38 모델을 민간인
판매 목적으로 바꾼 모델 CJ-5를 내놓기도 했다. 한국에서
최초로 생산된 자동차로 유명한 '시발'은 처음에는 폐차 직
전의 지프에서 쓸 만한 부품들만 떼어 내어 조합하고, 부족
한 부품은 자체 생산해서 끼워 넣는 방식으로 자동차를 만
들어내던 중 탄생한 제품이었다. 그러니 세계 자동차공업의
역사가 포드 모델T에서 출발한다면, 한국의 자동차공업은

그 뿌리가 지프 M38에 있다고 해도 큰 과장이 아니다.

1959년은 서울 시내에서 운행하는 차량 중에는 비슷비슷한 지프 계열이 매우 많았을 것이다. 그 때문에 사륜구동 방식, 키가 높은 다목적 차량이라고 하면 다들 그냥 전부 '지프차' 혹은 '찦차'라고 불렀다. 이런 언어 습관은 오랫동안 이어졌고, 정작 윌리스사에서 생산한 정식 지프는 별로 운행되지 않던 1980년대까지도 한국에서는 사륜구동 방식의 다목적 차량과 SUV 차량들을 '찦차'라고 불렀다.

그러므로 전봇대에 충돌한 자동차가 '찦차'라고 표기된 것은 누군가의 성이 김씨라는 것만큼이나 당시 서울에서는 별 의미 없는 정보였다. 실제로 신문 기사에 실린 차량 사진을 봐도 정확히 어떤 차종인지 알기가 쉽지 않다. 민간에서 사용되던 지프의 일종인 것은 확실해 보이지만, 민수용 지프인 CJ-5인지 아니면 군용 M38이나 M38A1인지 확신하기 어렵다.

그나마 다행이라면 자동차 번호판이 남아 있었으므로 기록상의 차 주인을 특정할 수 있었다는 사실이다. 차 주인은 명동에서 작은 호텔을 경영하는 옥 사장으로 조회되었다. 다행스럽게도 옥 사장은 별다른 일 없이 생존한 상태였고, 자신의 자동차에 생긴 참사를 알지 못하고 있었다. 그는 자동차 운전기사 임씨에 대한 정보를 경찰에게 주었다. 임 기사는 자동차가 운전자 없이 질주하기 이전에 실제로 운전

유령이 탄 자동차

대를 잡고 있었을 가능성이 높은 인물이다. 그러나 임 기사 역시 자동차에 무슨 일이 벌어졌던 건지 말해줄 수 없었다. 그는 시신으로 돌아왔기 때문이다.

임 기사의 시신은 자동차 사고가 벌어진 그날 밤 발견 되었다. 그는 오물이 섞인 진흙탕 구덩이에 박혀 있었다. 목 에는 노끈이 걸려 있었고, 뒤통수와 얼굴에는 칼로 찔린 상 처가 네 군데 보였다고 한다. 유령 자동차의 수수께끼는 이 제 살인 사건이 되어버렸다.

작업복 차림의 임 기사의 시신 근처에는 발자국이 하 나 찍혀 있었다. 『동아일보』 3월 5일 기사에서는 이 발자국 이 "가해자의 것으로 보"인다면서, 약 5미터 떨어진 곳에 오른발 미제 군화 한 짝이 있었다는 설명도 덧붙였다. 『동아 일보』 4월 26일 기사에 따르면, 임 기사의 신분증과 아마도 임 기사가 소지했을 1,400환의 돈도 그대로 있었다고 한다.

다시 『동아일보』 3월 5일 기사로 돌아오면, 임 기사의 시신은 "광나루 밖 뚝섬행 기동차 궤도" 근처에 버려졌다고 적혀 있다. 여기서 기동차란, 버스와 똑같이 생겼지만 전철 처럼 전선에 연결된 채 운행하는 전차의 일종을 뜻한다. 당 시 운행하던 전차 노선 중, 뚝섬 등 그 시대 기준으로 서울 외곽 지역으로 운행하는 노선을 흔히 기동차라고 불렀다. 뚝섬행 기동차의 노선은 지금의 서울 지하철 2호선 왕십리 역에서 건대입구역으로 가는 방향과 유사하다. 이 기사에는 시신의 발견 장소를 "광나루 밖"이라고 설명하고 있으므로 뚝섬 노선이 아니라 그에 연결된 지선支線인 듯 보인다. 그렇다면 시신 발견 장소는 지금의 광나루역 혹은 강변역 인근으로 추정할 수 있다. 자동차가 발견된 제기동역 인근과는 5~10킬로미터 떨어진 곳이다.

운전기사가 사망한 후 그 정도 거리를 어떻게 자동차가 '혼자' 이동할 수 있었을까? 가장 쉽게 떠올릴 수 있는 추정은, 범인이 임 기사를 해치고 시신을 버린 뒤에 그 자동차를 운전하며 이동하다가 어느 시점에서 자동차를 버렸다는 것이다. 언덕길 높은 위치에서 브레이크를 걸지 않은 채 자동차를 버린다면, 자동차가 저절로 굴러 내려갈 수 있다. 실제로 『경향신문』 3월 5일 기사에서는 『조선일보』와 『동아일보』 기사와는 달리 "30세 전후의 청년 1명이 몹시 불안하고 초조한 표정으로 차를 세워놓고 뛰어내려" 어디론가 사라졌다는 정보를 첨가했다. 단, 당시 기사들의 모든 내용이 정확하다고 보기는 어렵다. 몇몇 신문 보도는 임 기사를 이 기사로 표기하는 등 초기 취재에서 약간의 오류를 보였기 때문이다.

경찰은 임 기사의 금품이나 자동차 자체를 노린 강도거나, 임 기사를 향한 원한을 품은 이의 범행일 것이라고 보았다. 자동차가 전봇대 충돌 이전에 사고를 일으켰다는 가정을 받아들인다면, 범인이 차를 타고 도주하던 중 다른 차

유령이 탄 자동차

와 추돌했고 상대 차량 운전자에게 얼굴을 들켰기 때문에 당황해서 차를 버렸다고 볼 수도 있다. 임 기사는 옥 사장에게 고용된 운전기사로 확인되었기 때문에 어쩌면 범인은 승객인 척 가장하고 자동차에 탄 뒤 임 기사를 공격했을 수도 있다.

『경향신문』 3월 6일 기사에서는 경찰의 탐문 수사 결과를 정리한 추리가 소개되었다. 이 기사에 따르면, 범인은 자동차 절도를 상습적으로 저지르는 2인조 강도단으로 추정된다. 임 기사가 갖고 있던 돈이 그대로 남아 있었던 것을 보면 금품보다 자동차 자체를 노린 게 분명하나. 승객으로 위장한 이들은 인적이 드문 으슥한 곳으로 차를 가게 한 뒤, 뒷좌석 사람은 노끈을 이용해 임 기사의 목을 제압했고, 조수석에서는 칼로 공격했을 것이다. 시신을 버리고 다시 자동차를 타고 도심지 방향으로 도주하다가 추돌 사고를 냈고, 어쩔 수 없이 이목을 피하기 위해 자동차를 버리고 떠났다는 이야기다. 『동아일보』 3월 6일 기사에서는 차량의 "'스리드'와 '바운드'가 심하여 전기 '낫클'이 부러져 당황한 나머지 차만 내버린 채 도주"했다고 했다.

당시 언론에서는 공통적으로 1년 전인 1958년 8월 4일 바로 근처 지역에서 운전기사 한씨가 살해되었고, 빈 지프 차량은 시신과 떨어진 곳에서 발견되었지만, 결국 범인을 잡지 못했다는 점도 지적한다. 혹시, 같은 범인이 또 비슷한

임 기사의 목에는 노끈이 걸려 있었고, 뒤통수와 얼굴에는 칼로 찔린 상처가 네 군데 보였다. 그리고 오물이 섞인 진흙탕 구덩이에 박혀 있었다.
(『동아일보』 1959년 3월 6일)

범행을 저지른 건 아닐까?『동아일보』3월 6일 기사에 따르면, 사건 당일인 4일 밤 8시경 화양지서 순경이 "맹속력으로 시내 쪽으로 달려오는 찝차를 정차시키고 불심검문"했

유령이 탄 자동차

는데, 차 안의 "두 명의 괴청년"이 "태연하게 응대하므로 그냥 통과시켰다"는 게 밝혀졌다. "유기된 찦차가 용두남동에서 발견된 것이 8시 10분경이므로 시간과 거리상 범행 후 시체를 버리고 시내에 들어오는 때에 화양지서 순경이 불심검문한 것으로 판명"되었다고 한다. 또한 『경향신문』 3월 6일 기사에서는 문제의 차량이 용두동 시내에서 전봇대와 충돌했을 때에도, 처음에 접수한 경찰은 그저 교통사고로 처리하려고 했다는 점도 지적한다. 당시 경찰의 무능하고 안일한 태도를 비판한 것이다.

『경향신문』 3월 7일 기사에서는 수사의 진진 사항이 추가되었다. 우선 첫 보도에는 칼로 찌른 상처만 언급되었는데, 시신 부검 결과 둔기로 강타당한 상처도 일곱 군데 정도였다고 한다. 또한 『경향신문』 3월 8일 기사에는 운전대에서 지문을 채취하는 데 성공했다는 소식이, 『경향신문』 3월 10일 기사에는 시신 발견 장소에서 수백 미터 떨어진 위치에서 피 묻은 쇠지레를 발견했다는 소식이 실렸다. 쇠지레는 주로 고물상에서 많이 사용하는 도구라면서, 고물상에서 이런 물건을 구입했거나 훔친 이들을 조사 중이라는 이야기도 아울러 실렸다. 쇠지레가 흉기일 것이라고 추정했던 듯하다.

일본 메이지대학을 나온 '인테리'이자 공학도

『동아일보』 3월 6일 기사는 죽은 임 기사의 삶에 대해 취재한 내용도 다루었다. 임 기사의 아내와 다섯 자녀는 시신이 발견된 지 거의 만 하루가 지난 뒤까지도 소식을 모르고 있었다. 그래서 취재 기자에게서 처음 소식을 전해 듣고 매우 놀라며 슬퍼했다고 한다.

가족들의 이야기에 따르면, 임 기사는 본래 일본의 메이지대학 공학부를 다니기도 했던 '인테리'였다. 6·25전쟁 전에는 시내 종암동의 큰 '써비스 공장'을 경영했다고도 한다. 임 기사의 전공이 공학이었다는 점을 생각해보면, 아마도 기계장치나 자동차를 수리하거나 개조하는 업체를 운영했거나 또는 그런 업체의 관리자로 근무했던 게 아닌가 싶다. 6·25전쟁 때문에 업체 공장이 파괴되었는지, 전쟁 후로는 일정한 직업 없이 생활하다가 최근에 겨우 옥 사장의 운전기사로 취직했다는 것이다.

이 기사에는 임 기사를 고용한 옥 사장을 취재한 내용도 짧게 실렸다. 열흘 전쯤 우연히 택시에서 말을 나눈 적이 있었고, 그것이 인연이 되어 임 기사가 일자리를 부탁했다고 한다. 그래서 3월 3일부터 기사 일을 시작했고, 4일에는 자동차가 고장 난 것 같아서 수리를 한다며 나가더니 종일 돌아오지 않았다고 했다. 그렇다면, 임 기사는 오전에 차를 수리한 뒤 오후와 저녁 시간 동안 영업을 하다가 강도를 당했던 것일까?

임 기사는 가족들이 먹을 쌀조차 떨어졌다는 것을 알고 있었지만, 집에 잠깐 들어갈 시간을 내지 못하고 일해야 하는 상황이었는지, 10대인 큰아들에게 어느 은행 주차장에서 만나자고 해서 1,300환의 돈을 건넸고, 다음 날에도 또 같은 자리에서 만나자고 했다고 한다. 그러나 그것이 아들과 아버지가 마지막으로 만난 순간이었다.

경찰은 임 기사처럼 영업 목적의 운전을 하는 사람들이 한국은행 근처에 세 명 있었다고 설명했다. 강도들은 그 부근을 돌며 범행 대상을 물색했을 수도 있다. 『동아일보』 5월 13일 기사에 따르면, 한국은행 근처의 운전기사들에게 휘발유를 싸게 살 수 있다면서 불법 유통 휘발유를 팔거나, 사기 행각을 벌이는 범죄자들이 자주 출몰했다고도 한다. 옥 사장은 52세의 임 기사를 고용하기 전, 같은 차를 운전하던 이가 30세가량의 김 기사였다고 진술한 바 있다. 어쩌면 강도들은 같은 차를 운전하던 김씨보다 나이도 많고 더 약해 보이며 기사 일을 처음 시작해 경계심이 별로 없었을 임 기사를 만만한 공격 대상으로 찍었는지도 모른다.

경찰은 승객인 척하다가 자동차를 빼앗는 수법을 쓴 범죄자들을 일제히 조사했던 것 같다. 누가 원주에 있다더라, 철원에 있다더라, 경기도 광주에 있다더라 하는 정보를 듣고 이리저리 용의자를 잡으러 다니기는 했지만, 범인으로 확정되는 인물은 아무도 없었다. 그중에는 이미 감옥에 갇힌 것으로 확인된 사람도 있었고, 몇 년간 미해결 상태였던 다른 사건의 범인을 잡기도 했다.

사건 발생 일주일이 지난 3월 11일까지 별다른 변화가 없자, 경찰은 실력이 없다, 제대로 된 수사는 하지 않고 상부에 올릴 보고 자료를 만드는 데에만 진을 빼고 있다, 자동차가 발견된 지역의 경찰과 시신이 발견된 지역의 경찰 사이에 협조가 이루어지지 않아 같은 조사를 두 번씩 하고 있다 등의 비판이 흘러나왔다. 경찰은 큰 부담을 느꼈던지, 그 때문에 사건의 첫 목격자였던 유 사장에게 관심의 방향을 돌렸던 것 같다.

『조선일보』 3월 12일 기사에 따르면, 유 사장이 자동차를 발견한 후 즉시 신고하지 않고 약간의 시간을 두었다는 점과 그날의 행적이 평소와는 달라 보였다는 점에 근거를 두고 경찰이 조사를 진행했다고 한다. 특히 유 사장이 일하던 지역에서 택시 강도 사건이 자주 보고되었기 때문에, 그가 이런 사건에 얽힐 만한 정황이 있지 않은가 짐작했던 게 아닌가 싶다.

유 사장은 장시간 조사를 마치고 풀려났다. 범행을 신고했더니 도리어 이렇게 괴롭히기만 하면 사람들이 뭐 하러 신고를 하겠느냐고 유 사장이 따졌을지도 모를 일이다. 실제로 『동아일보』 4월 26일 기사에서는 이를 경찰의 '오바쎈스'라면서, "다시는 협조하지 않겠다"는 유 사장의 말을 인용하기도 했다.

강요된 자백

이 사건이 크게 진전된 것은 8월 17일에 이르러서다. 이날 유력한 용의자를 체포했다는 보도가 나왔다. 체포 장소는 자동차가 발견된 곳이나 시신이 발견된 곳 근처가 아니라 충청남도 서산의 안면도였다.

용의자는 전과 4범의 탈영병이라고 소개된 27세의 황씨였다. 『조선일보』 8월 19일 기사는 황씨가 13건의 강도와 더불어 임 기사를 포함한 2건의 살인을 저질렀다고 설명하고 있다. 황씨는 환락가에서 만난 여성 김씨와 깊은 관계를 맺은 뒤 안면도로 건너와 살기 시작했는데, 산에 나물을 캐러 갔다가 내려와 경찰과 마주치자 바로 알아보고 순순히 수갑을 채우라고 팔을 내밀었다고 한다.

『조선일보』 기사에는 황씨의 예전 강도 행각에 대해 자세히 서술했다. 예를 들어 서울 정릉동 김씨의 집에서는 현금 300환, 은수저, 손전등, 면도칼을 훔쳤다는 식이다. 이 기사에 따르면, 황씨는 주로 사찰을 전문으로 공격하는 강도였던 것 같다. 한국의 사찰은 가뜩이나 산속 깊은 곳에 자리 잡고 있는 경우가 많았고, 당시 같은 통신 상황에서는 사건이 일어나도 신고가 쉽지 않았을 것이다. 황씨는 그 점을 노리고 범행을 저질렀던 듯하다.

『조선일보』 8월 25일 기사에는 황씨가 임 기사 살인 사건을 자백한 경위도 자세히 실려 있다. 경찰은 먼저 애인 김씨를 조사하면서, 황씨가 이번에 잡히면 영영 감옥에서 못 나올 수도 있다면서 압박했고, 김씨는 경찰의 의도대로 황씨가 자동차와 관련된 사건에 휘말린 것 같다는 식의 이야기를 한 적이 있다고 털어놓았다. 또한 사건 과정에서 김 꼬마라는 별명의 공범이 등장하는데, 그는 이전의 강도 사건을 모두 함께했던 동료이자 황씨의 은거지를 알고 있는 유일한 인물이기도 했다. 황씨는 경찰들이 꼬마에게서 모든 자백을 들었다고 여겨 체념하고 순순히 체포된 것이라고 했다.

황씨는 검찰로 송치되어 재판에 넘겨졌다. 『동아일보』 8월 27일 기사에서는 "어마어마한 황 일당의 범행"이라는 제목의 기사를 내기도 했다. 황씨를 체포하는 데 공을 세운 경찰이 꽤 많은 상금을 받았다는 소식도 보인다.

그러나 사건 발생 후 8개월가량이 지난 10월 23일, 첫 번째 재판에서 상황은 완전히 뒤집혀버리고 만다. 오전 11시에 시작된 재판에서 황씨는 임 기사를 살해했다는 자백이 사실은 거짓이었다고 진술했다. 『동아일보』 10월 24일 기사에 따르면, 황씨는 자신이 수많은 강도 사건을 저지른 것은 맞지만 사람을 죽이지는 않았다고 주장했다. 경찰의 고문 때문에 어쩔 수 없이 살인 사건까지 자신의 소행이라고 자백할 수밖에 없는 상황이었다는 것이다. 재판장이었던 임 판사는 "설사 경찰에서는 고문에 못 이겨 이런 사실을 허위자백했다손 치더라도 검찰청에 넘어온 후부터는 고문이란 것이 없었을 터인데 왜 그때 사건을 번복하지 않았느냐"고 물었다. 황씨는 "검찰에서 부인하면 다시 경찰에 넘겨 고문을 시킬까봐 겁이 나서 경찰 자백대로 반복했다"고 주장했다.

그의 말을 듣고 사건을 다시 돌아보면, 모호한 부분이 몇 군데 있는 듯싶다. 예를 들어, 사건 초기에는 임 기사를 공격한 무기가 예리한 칼날 같다고 했다가 나중에는 쇠지레가 언급되었다. 그러나 황씨의 검거 후에는 개머리판 없는 카빈 소총이 흉기라는 이야기만 주로 나왔으며, 그 행방에 대해서도 진술이 복잡하게 엇갈렸다. 또한 지문에 대한 후속 언급이 없었고, 자동차를 훔치는 사람이었다면 그 차를 팔아넘길 거래처에 대한 조사가 충분했어야 할 텐데 그에 대해서도 자료는 많지 않아 보인다.

『동아일보』11월 2일 기사와『조선일보』11월 3일 기사는 공교롭게도 똑같이 "살인 사건 반전"이라는 제목을 달면서 이 사건이 전혀 다른 국면으로 펼쳐졌다는 사실을 보도했다. 황씨가 사건이 발생할 무렵, 자신은 안면도에서 〈신

황씨는 첫 번째 재판에서 임 기사를 살해했다는 자백은 거짓이었다며 진술을 번복했다. 경찰의 고문 때문에 어쩔 수 없이 거짓 자백을 했다 는 것이다. (『조선일보』 1959년 11월 3일)

라의 별〉 연극을 공연 중이었다고 주장한 것이다. 연극은 대 개 많은 동료 연기자가 함께 무대에 오르고, 또 그들을 지켜 보는 관객들이 있었다. 연기자가 무대에 올랐다면 같은 시 각에 결코 다른 장소에 있을 수 없다. 황씨가 안면도에서 연 극에 출연하고 있었다면, 같은 시각 서울에서 강도와 살인 을 저지를 수 없다는 뜻이다.

〈신라의 별〉은 1950년대에 종종 상연되던 신라 배경 의 사극이다. 학생 공연으로도 자주 오르내린 것을 보면, 시설이나 자금이 충분치 않은 극단에서 선뜻 선택할 수 있는 연극이었던 것 같다. 『동아일보』 11월 7일 기사에 따르면, 황 씨는 연극에 상당히 관심이 많았던 사람으로 보인다. 〈신라 의 별〉 이후 〈원앙무〉라는 연극을 공연할 계획을 세우고 있 었다고 한다. 『조선일보』 11월 3일 기사에는 황씨가 동료들 과 함께 무대 의상을 입은 채 단체로 촬영한 〈신라의 별〉 사 진까지 실렸다. 단, 이 사진은 정확히 사건 당일에 촬영한 게 아니라 5일 간의 차이가 나는 3월 9일의 사진이기는 하다.

그러나 연극 공연 날짜와 공연에 참여한 사람들의 증 언을 종합하고, 황씨가 안면도에 드나드는 교통편이 가능한 날짜를 감안하면 서울과 안면도를 오가면서 연극 무대에도 오르는 동시에 살인 강도를 저지르는 것은 불가능해 보이 기는 한다. 검찰에서는 황씨가 그에 앞서 이미 급하게 서울 을 오간 적이 있으므로, 이런 사진을 남긴 것이야말로 교묘 한 알리바이를 만들기 위한 조작이라고 보았다. 하지만 굳 이 안면도에서 연극을 준비하고 무대에 올리는 부산한 와중 에, 일정을 어렵게 꼬면서까지 범행을 저지를 이유가 있었 을까?

검찰은 전과 4범인 황씨는 수사를 받은 경험도 많기에 경찰을 따돌리기 위해 복잡한 술수를 썼을 가능성이 있다고 덧붙였다. 이후 조사 내용에 등장하는 증인들을 재확인하는 작업이 진행되는 가운데, 검찰은 마지막까지도 황씨가 진범이 맞는다면서 사형을 구형하며 처벌하고자 했다.

그러나 1960년 2월 2일 11시 55분, 임 판사는 황씨 스스로 인정한 강도 사건은 유죄이지만 살인은 무죄라고 판결했다. 『조선일보』 2월 2일 기사에 따르면, 사건 당일 〈신라의 별〉을 안면도에서 공연했다는 사실이 확인되며 황씨의 자백 이외에 다른 물증이 없다는 점이 판결의 주요한 근거로 발표되었다. 안면도에서 연극으로 소일하며 지내다가 가끔 산속 절에서 금품을 훔치는 형태의 범행과, 서울 시내 한복판에서 사람을 살해하고 자동차를 탈취하는 범행은 확실히 성격이 많이 달라 보였다. 과연 한 사람이 저지른 일일까 싶어지는 것이다.

황씨에 대한 상급재판이 재차 열렸고 형량이 바뀌기도 했지만, 황씨가 임 기사 살인 사건의 진범으로 인정되지는 않았다. 무척이나 많은 보도가 쏟아졌던 유령 자동차 사건은 그야말로 유령처럼 점차 흩어져 사라지며 잊히고 말았다.

도대체 임 기사를 살해한 사람은 누구였을까? 임 기사의 돈을 강탈하지도 않았고 자동차도 그대로 내버렸으니, 강도가 살인까지 저지른 진범이라면 그는 딱히 얻은 게 없는 셈이다. 진흙 구덩이에 던져진 임 기사의 시신에는 1,400환의 돈이 있었다는데, 마지막으로 아들을 만났을 때 쌀을 사라면서 건넸던 1,300환과 비슷한 금액이다. 오랜 시간 실업자였던 임 기사는 운전기사 일을 시작하자마자 너무

바빠 귀가하지도 못한 채, 그저 잠깐 아들을 만나 돈을 건네며 내일 다시 만나자고 약속했다. 어쩌면 다음 날 아들에게 "오늘은 아빠가 100환을 더 벌었다"며 기쁘게 자랑할 생각을 했는지도 모르겠다. 그러던 중에, 60여 년이 지난 지금도 정체를 알 수 없는 그 마지막 손님을 태운 채 어둠 속을 달려갔을 것이다.

015

충무로에 울려 퍼진 총소리

범인은 왜 강 사장을 쏘았을까?

한 해가 저물어가는 1964년 12월 26일, 건설회사를
경영하는 강세희 사장은 부인과 함께 극장에 다녀오는 길이
었다. 당시 서울 시내 극장가에 걸린 영화 중 가장 인기 있
는 것은 김진규와 최은희 주연의 〈벙어리 삼룡〉이었다. 한
국 최고의 감독으로 명망 있던 신상옥 감독이 연출을 맡았
고, 한국 초기 영화사의 중요한 아이콘인 나운규 감독의 〈벙
어리 삼룡〉을 리메이크했다는 홍보 문구까지 더해졌다.

그러니 아마도 강 사장이 본 영화는 이 영화이었을 가
능성이 높다. 〈벙어리 삼룡〉은 지금의 명보아트홀 자리(중
구 초동)인 명보극장에서 상영되었는데, 강 사장의 집은 중

구 필동에 있어 거리상으로도 가깝다. 〈벙어리 삼룡〉 같은 영화라면 과연 한 해를 마무리하는 연말에 잠시 여유를 즐기는 분위기와도 어울릴 것 같다.

그렇지만, 나는 강 사장 특유의 성격 때문에 다른 영화를 보았을 가능성도 있다고 생각한다. 예를 들어, 당시 서울 중앙극장에는 〈킬러The Killers〉를 상영하고 있었다. 같은 해에 나온 최신 할리우드 영화로, 어니스트 헤밍웨이Ernest Hemingway 원작, 돈 시걸Don Siegel 연출, 리 마빈Lee Marvin 주연 영화였다. 나도 이 영화를 무척 재미있게 본 기억이 있다. 이날, 강 사장이 정말로 〈킬러〉를 보았다면 상황은 그야말로 영화 같았을 것이다. 바로 강 사장이 영화를 보고 돌아오는 길에 벌어진 일 때문이다.

밤 10시 50분경, 강 사장은 부인과 함께 자가용을 타고 집에 도착했다. 『경향신문』 12월 28일 기사를 보면, 차가 '지프'였다고 적혀 있으니 그 무렵 유행하던 군용 지프 또는 군용 지프의 민수용 모델과 유사한 사륜구동 차량이 아니었나 싶다. 이런 차량은 차체 높이가 약간 높은 편이므로 차에서 내리는 데 시간이 조금 걸렸을 것이다. 그때쯤이었을 것이다. 어디선가 "세희, 이놈아!"라고 외치는 소리가 날아들었다. 『동아일보』 12월 28일 기사에 따른 이야기다.

강 사장은 자기 이름을, 그것도 무례하게 부르는 소리가 들리자 무심코 그 방향을 돌아보았을 것이다. 강 사장 성격을 생각하면 "어떤 녀석이야?"라고 소리치면서 돌아보았을지도 모른다. 그런 행동은 강 사장에게 도움이 되지 않았다. 이 기사의 내용이 옳다면 "세희, 이놈아!"라고 외친 것은 어둠 속에서 누가 강 사장인지 정확히 확인하기 위해 범인이 일부러 지른 게 아닌가 싶다. 소리가 들린 방향을 돌아보는 동작을 "내가 바로 당신의 목표물이다"라고 알려주는 것이나 다름없었을 것이다.

범인이 강 사장에게 바란 것은 무엇이었을까? 목숨을 원했을까? 범인은 권총을 꺼내 강 사장을 향해 발사했다. 『경향신문』 12월 28일 기사에 따르면, 탄환은 강 사장의 옆구리를 뚫고 지나갔다. 중상이었다. 『조선일보』 12월 27일 기사에 따르면, 범인은 곧바로 도망치면서도 총을 계속 쏘았다고 한다. 아마도 총소리 때문에 사람들이 모여들었을 수도 있고, 그래서 자신을 따라오지 못하도록 위협하려고 발사한 것 같다.

과연, 권총으로 무장한 살인범을 어느 행인이 쫓았다고 한다. 초기 보도에서는 길씨라는 22세의 남자가 등장하고, 나중의 보도에서는 길씨와 함께 남씨라는 31세의 남자가 언급된다. 범인은 어느 정도 도망치다가 끈질기게 추적하는 두 사람 쪽을 향해 총을 한 발 쏘면서 "따라오면 죽인다"고 소리쳤고 이후 대한극장 옆까지 가서 다시 한 발을 더 쏘았다고 한다. 서울 거리가 워낙 많이 바뀐지라 정확하게

어떤 경로로 도망친 것인지는 알 수 없지만, 대략 추측해보
자면 200~300미터는 될 만한 거리다.

청부 살인

순찰 중이던 파출소의 경찰이 범인을 덮쳤다. 범인은
붙잡히는 과정에서 저항하며 총 한 발을 더 쏘았다. 『경향신
문』 12월 28일 기사에서 이 마지막 사격을 두고 "공포"라
고 쓴 것을 보면, 범인은 경찰을 살해할 생각까지는 없었던
것 같다. 잡히기 직전에 조준해서 쏘기보다는 허공이나 바
닥을 향해 쏘며 위협만 한 것으로 보인다.

도대체 이게 무슨 사건일까? 어떻게 한국의 서울 한복
판 거리에서 대놓고 누군가의 이름을 부르며 권총으로 저
격하는 사건이 벌어졌을까? 동기는 무엇이고, 어떻게 이런
범행을 저지를 수 있었을까? 사건 보도 직후부터 이 사건은
누군가가 강 사장을 공격하라고 지시해 실행된 청부 살인이
라는 이야기가 흘러나왔다. 그렇다면 의뢰인은 왜 강 사장
을 공격했으며, 권총으로 저격할 수 있는 누군가를 어떻게
섭외한 걸까?

총을 맞은 강 사장은 바로 백병원으로 이송되어 수술
실에 들어갔다. 그런데 입원한 강 사장을 취재하러 간 『조선

어떻게 서울 한복판 거리에서 권총으로 저격하는 사건이 벌어졌을까? 동기는 무엇이고, 어떻게 범행을 저지를 수 있었을까? (『조선일보』 1964년 12월 29일)

일보』 기자가 격투에 휘말리는 사건이 발생했다. 더 황당한 것은 기자와 싸운 사람들이 강 사장을 노리던 쪽이 아니라 강 사장의 운전기사와 강 사장의 회사 임직원 등이라는 점이다. 피해자를 취재하는 기자라면, 범인이 제대로 처벌받을 수 있도록 피해자의 억울함을 알리려는 목적을 갖고 있을 것이다. 그렇다면 기자는 피해자 편에 가까운 사람이라고 보아야 한다. 그런데 어쩌다가 기자와 피해자 측 사이에 격투가 벌어졌을까? 더군다나 서울중부경찰서에서는 "2주 이하 진단서가 첨부되는 경우 구속영장을 청구한 사례가 없다"거나 "화해하는 게 좋지 않겠느냐?" 등의 의견을 내세우면서, 그럴 만한 상황이었으니 넘어가달라는 식으로 기자를 달랬다고 한다.

범인의 신원은 곧 밝혀졌다. 홍씨라는 사람으로, 본래 미군에서 근무하던 인물이다. 『조선일보』 12월 29일 기사에 따르면, 그는 만주에서 중학교까지 마친 후 북한에 들어왔다가, 공산당 반대파로 몰리는 바람에 일가족이 몰살당하고 자기만 겨우 빠져나와 남한으로 도망 왔다고 한다. 그런 전력 때문인지 미군의 정보 관련 부서에서 일했다고 하는데, 정확히 어떤 기관에서 어떤 직책을 맡으며 지냈는지는 알 수 없으나, "속초 파견 대장을 지낸 일도 있다"는 설명으로 짐작하건대 군사 관계 업무를 보던 사람이 아닌가 싶다. 권총을 능숙하게 다루고 누군가를 공격하는 경험을 쌓았다면 아마 이 무렵이었을 것이다.

하지만 홍씨는 사건이 일어난 1964년 시점에서는 미군이나 미군과 관련된 부서 소속이 아니었다. 심지어 직업이 무엇인지 파악도 제대로 되지 않아, 사건에 관한 초기 기사들에서 그를 무직자로 표기한 사례도 눈에 띈다. 그는 정말로 돈을 받고 누군가를 저격하는 전문가였을까? 그러나 홍씨는 재판정에서 마지막까지도 누군가의 의뢰를 받지 않앉으며 자기가 보기에 나쁜 사람이라 강 사장을 저격했노라 주장했다. 도대체 건설회사 사장과 정보기관 출신 남자 사이에 어떤 원한이 있을까? 혹시 마지막까지 의뢰인을 숨기려는 의도였을까?

태흥영화사의 이태원과 군납업자 친목회

이 기이한 사건의 속내를 밝혀보려면, 세월이 한참 흐른 후 의외의 인물이 남긴 자료를 같이 살펴보아야 한다. 그 인물은 〈장군의 아들〉(1990년), 〈서편제〉(1993년), 〈축제〉(1996년) 등 1990년대 대표 흥행 영화의 제작자로 활약하며 한국 영화계의 큰손으로 불리던 태흥영화사 대표이자 한국영화제작자협회 회장 이태원이다. 이태원 회장은 강수연의 모스크바 국제영화제 여우주연상 수상으로 화제가 되었던 〈아제 아제 바라아제〉(1989년) 이후 임권택 감독의 후기 영화들을 제작했고, 〈춘향뎐〉(2000년) 신인 배우 오디션에서 조승우를 발탁한 심사위원 중 한 사람이기도 했다. 역시 조승우가 주연을 맡았던 임권택 감독의 〈하류인생〉(2004년)의 여러 대목이, 이태원 회장의 인생에서 따왔다는 이야기도 널리 퍼져 있다.

젊은 시절 이 회장은 마땅한 일자리를 찾지 못해 1950년대 나이트클럽의 문지기로 연예계 경력을 시작했다고 한다. 『중앙일보』 2005년 3월 1일 기사를 보면, 이 회장은 길거리에서 인생을 배우고 사업 수완을 익힌 이 시기를 돌이키며 "명동 대학원" 생활을 했다고 회고한다. 그렇게 인맥을 쌓던 그는 1959년 영화 〈유정천리〉 제작에 참여하게 되었다. 동명의 주제가가 큰 인기를 끌어서, 4·19혁명을 앞두고 이를 개사한 노래가 정부 비판곡으로 유행할 정도였다. 하지만 영화 자체의 흥행 성적은 그렇게 크지 않아 이 회장은 큰 손해를 보았다고 한다. 이후 지방에서 노래, 춤, 코미디를 선보이는 쇼의 순회공연단을 꾸렸지만 이 역시 실패로 끝나고 말았다.

결국 이 회장은 연예계에서 물러났다. 그리고 영화계로 다시 돌아오기까지 약 20년간 건설사업에 몸담았다. 그가 자기 사업을 본격적으로 꾸리기 전에 일했던 곳이 바로 1964년 권총 청부 살인 사건의 피해자 강 사장의 회사였다. 이 회장은 사건 전후로 강 사장의 회사에서 근무했기 때문에 전후 사정을 잘 알았으며 중요한 장면을 목격하기도 했다. 그리고 그는 40년이 지난 후 자신의 회고록을 연재한 『중앙일보』의 '영화 한편 보고 가세나'에서 이 사건에 대해 상세히 설명했다.

이 회장의 설명에 따르면, 사건의 뿌리는 1960년 무렵 결성된 단체 '군납업자 친목회'에서 출발한다. 이 군납업자 친목회는 군대, 특히 미군 부대의 공사를 담당하는 업체들이 주류를 이루었다. 당시 미군 부대는 공사 대금을 아주 넉넉히 책정하는 곳이었다. 일단 1960년대 미국과 한국의 경제 수준 격차가 워낙 컸기 때문에 미군의 예산 자체가 풍부했다. 게다가 한국에서는 자주 사용하지 않는, 품질이 좋고 단가가 비싼 자재를 활용한 공사가 잦았다. 가격이 높다면 이윤의 폭도 자연히 커지기 마련이다. 그래서 건설업자들 사이에서 미군 부대의 공사는 큰 이익을 남길 수 있는 좋은 거래로 인기가 굉장히 높았다고 한다.

예를 들어 미군은 미국 물가 기준으로 공사를 하려면 100만 달러는 들 거라고 생각해서 그 예산을 잡아두었는데, 한국에서는 10만 달러면 진행할 수 있다고 가정하자. 한국 건설사가 90만 달러에 계약해서 공사를 하면, 미군으로서는 10만 달러를 절약한 것 같으니 기분이 좋고, 한국 건설사는 80만 달러나 되는 막대한 이익을 남길 수 있으므로 기분이 더 좋을 것이다.

미군도 이런 상황을 어느 정도 파악했던 것 같다. 그래서 경쟁 입찰 제도를 도입했다. 한 건설사와만 거래하지 않고, 여러 건설사에 각자 공사비를 써내도록 해서 그중 가장 낮은 가격을 써낸 업체와 거래한 것이다. 그러면 80만 달러에 공사를 하더라도 이익이 많이 남으니까 어떤 회사는 80만 달러를 써낼 것이고, 또 다른 회사는 70만 달러로 낮춰서

충무로에 울려 퍼진 총소리

제시하기도 할 것이다. 이런 식으로 경쟁이 시작되면 10만 달러보다 딱 1만 달러 높은 가격을 써내서 그만큼이라도 이익을 남기는 게 목표인 회사도 생길 것이다. 공사를 따내지 못해 아무런 이익을 보지 못하는 쪽보다는 조금이라도 버는 편이 낫기 때문이다. 미군으로서는 한국의 시세와 경제 상황을 잘 모른다고 하더라도 업체 간의 경쟁으로 자연스럽게 비용을 아낄 수 있다.

한국 건설업자들은 이런 구조를 아쉽게 생각했다. 미군이야 90만 달러라도 기꺼이 공사를 진행할 텐데, 업체 간의 경생 때문에 돈을 서의 벌지 못할 성노로 공사 가격이 내려가니 뭔가 수를 내고 싶었을 것이다. 그래서 군납업자 친목회를 결성해 정보를 공유하고 서로 일정 가격 이하로는 공사를 진행하지 않도록 유도하는 방식을 사용했다. 요즘 기준으로 따지면 이런 행위는 담합 혐의로 처벌을 받겠지만, 당시로서는 어느 정도 선까지는 인정받는 분위기였던 것 같다.

물론 아주 떳떳하게 내세울 정도는 아니었다. 『경향신문』 1965년 1월 11일 기사에 따르면, 친목회의 건설업자들이 합심해 모임의 방향을 따라주면 그 대가로 공사 대금의 일부를 나눠 가질 수 있었는데, 그 돈을 "떡값"이라고 불렀다고 한다. 예나 지금이나 별로 상쾌한 어감의 단어는 아니다. 또한 그렇게 떡값을 마련할 수 있을 만큼 공사를 높은

군납업자 친목회는 담합 행위를 통해 공사 대금의 일부를 나눠 가질 수 있었다. 그 돈을 '떡값'이라고 불렀고, 그것을 의논하는 행위를 '떡을 친다'고 했다. (『조선일보』 1964년 12월 31일)

값으로 따내고자 의논하는 행위를 "떡을 친다"고 칭했다. 당당하게 드러낼 만한 일이었다면 이런 식의 은어를 만들 이유도 없었을 것이다.

한편 이러한 행위를 애국적인 것으로 포장하려는 움직임도 있었다. 이런 조직이 없다면, 한국 업체는 미군에서 돈을 적게 받게 될 수밖에 없고, 국가 경제발전을 위해 중요하다고 강조했던 수출, 곧 외화 획득이 줄어들 것이다. 반대로 보자면, 군납업자 친목회의 활동은 미국에서 한국인들이 더 많은 돈을 벌기 위한 애국 행위로 간주될 수 있다는 설명이었다.

『경향신문』 기사에 따르면, 당시 모임의 방침에 잘 따르지 않는 건설사를 비판하기 위해 모임에서 만든 문건 중 "달라 전선에 이상이 있다"는 제목의 홍보물이 있었다고 한다. 미군 공사를 따내고 돈을 벌어 오는 일을 두고 전쟁터에 비유하며, 그 돈의 액수를 줄이는 회사를 전선의 배신자라고 지목하는 표현이다. 이 문건에는 사사로운 이익에 휘둘리는 자가 적발되면 "가차 없이 처단, 회장은 그 전 책임을 지고 애국 행위 단체로서의 전통을 만들겠다"는 문구도 있다. 『조선일보』 1965년 1월 1일 기사를 보면, 비슷한 종류의 모임을 방해한 자를 두고 모임 회장이 "반국가적인 행동을 한다"고 지적했다고 한다.

문제라면, 이런 형태의 모임이 죄수의 딜레마가 적용되는 전형적인 상황이라는 점이다. 모임에 동참해 자기가 공사를 딸 수 있는 차례가 올 때까지 기다리면서 약간의 떡값을 받으며 지낼 수도 있다. 그렇지만, 막상 미군에 입찰할 때 모두가 동의한 가격보다 살짝 낮은 가격을 써낸다면? 그러면 떡값이고 뭐고 공사 대금으로 당장 큰돈을 벌 수 있다. 특히 막대한 대금이 걸린 규모의 공사라면 배신의 유혹은 훨씬 클 것이다. 모임의 방침이 법으로 보장되거나 엄격한 계약으로 묶여 있는 것도 아닌데, 군이 일편단심으로 지키며 충성하기보다는 큰돈을 한번에 거머쥐는 게 사업에 훨씬 중요할 수 있기 때문이다.

그래서 이런 부류의 모임은 배신자가 나오지 않도록 단속하는 데 신경을 많이 썼다. 평소에 친목을 잘 다지는 한편, 의리라든가 약속 같은 단어들을 내세워 서로를 믿자고 강조할 필요도 있다. 배신을 한다면 온갖 방법을 동원해 응징할 것이라고 겁을 주는 일도 필요했다. 그러다 보니 친목회에는 이 회장의 말마따나 '명동 대학원'에서 잔뼈가 굵은, 험한 일을 많이 처리해본 사람이 다수 참석했다. 『중앙일보』 2005년 1월 19일에 게재된 이 회장의 회고 연재 기사에 따르면, 1961년 무렵 이런 배신을 둘러싸고 격투가 벌어져 어느 건설사 상무의 앞니가 부러졌다고 한다.

스트롱과 '돈 나무'

강 사장은 바로 이 친목회 회장으로 뽑혀 초기 시절을 이끌던 인물이다. 상당한 솜씨로 모임을 노련하게 주도했던 것으로 보인다. 이를테면, 이 사건 관련 기사들 중에는 수수께끼의 미군 측 인물 '스트롱'이 등장한다. 『동아일보』 1965년 1월 7일 기사에서는 스트롱을 미8군 CID 사업단

내사 전문 수사관이라고 지목했다. 이 소개가 맞을 경우, 한국 사업가들이 뭔가 담합해 미군에 손해를 끼친다면 그것을 조사해 막는 일을 담당하는 사람인 것 같다.

그런데 이 기사에 따르면, 강 사장은 그런 스트롱을 평소 "아버지"라고 불렀다고 한다. 강 사장이 미군 사업에 뛰어든 한국 건설업자들의 모임을 이끌면서, 사업의 안정적인 지속을 위해 미군 내부 인물과 강력한 친분 관계를 쌓았다고 짐작할 만한 정황이다. 강 사장은 미군이라는 물줄기를 이용해서 막대한 돈을 하염없이 벌어들이는 튼튼한 '돈나무'를 길러내는 데 성공했다고 생각했을 것이다. 그런데 1963년, 하루아침에 상황이 변했다.

『동아일보』 1월 7일 기사에 따르면, 강 사장이 사업차 일본에 간 사이 어느 정부기관이 압력을 넣었고 그 결과 강 사장은 1964년 친목회 회장직에서 물러날 수밖에 없었다. 이후 기존의 군납업자 친목회 대신 다른 신新단체가 결성되었고, 정보기관 계통의 인물들이 그 단체에 들어와 활동했다는 것이다.

공교롭게도 비슷한 시기인 1월 4일, 『경향신문』 기사에는 중앙정보부 직원이 조사를 받고 있는데 그와 신단체의 전무이사 간에 위력으로 인한 인사 청탁과 돈거래가 있었다는 보도가 등장한다. 한편 『경향신문』 1월 11일 기사에는 강 사장이 친목회에서 물러날 무렵 "총회 승인도 없이 국회의원과 요인의 힘을 업고" 그 자리를 빼앗은 사람이 있다는 소식이 실렸다. 『중앙일보』에 게재된 회고록에서, 이태원 회장은 아예 경찰이 강 사장을 부르더니 "윗선의 일"이라며 회장에서 물러나라고 종용했다는 기록을 남겼다. 중앙정보부 또는 대통령 비서실장이 이런 일에 관여한 상황을 종종 마주칠 때도 있었다는 이야기도 실려 있다.

정부가 담합 의혹이 있는 활동을 벌이는 모임 측을 향해 '아무리 외화를 벌어들인다 하더라도 소비자에게 피해를 입히며 결국은 기업 경쟁력을 떨어뜨리는 일'이라고 지적하고 제지한 것이 아니다. 도리어 정부기관과 정부 고위층 관계자가 그 무리 중 1명으로 참여하거나 지배하려고 한 셈이다. 『동아일보』 1월 6일 기사에서는 아예 "수백만 원 권력층에 유입?"이라는 제목으로 시작하여, 이런 모임의 활동으로 쉽게 벌어들인 돈을 정부기관의 고위층에게 보내는 게 아니냐는 의혹을 제기하기도 했다.

물론 그렇다고 해서, 강 사장을 내쫓고 그 자리를 차지한 신단체가 정부와 어느 정도 밀접한 관계를 맺었는지에 대해 명확한 수사 결과가 있는 것은 아니다. 1964년 당시 신단체의 회장을 맡고 있던 인물은 독립운동가 출신 김 회장인데, 그가 육군사관학교 8기 출신이었다는 점이 자주 거론되기는 한다. 1961년 5·16군사쿠데타에 참여했던 주요 인물들이 바로 육군사관학교 8기 출신들이었다. 그러므로

충무로에 울려 퍼진 총소리

김 회장의 동기생 명단을 보면 역사책에서 나올 만한 이름도 꽤 많다. 그러니 원래는 정보 업무를 담당한 군인이었던 사람이 갑자기 건설 단체의 회장 자리를 맡는 과정에서, 어떤 식으로든 정부 고위층과 연관이 있지 않았을까 하는 의혹이 나오는 것이다.

1960년대 건설업자들과 정부, 공공기관의 드러나지 않은 거래가 상당히 잦았을 것이라는 가능성은 충분하다. 윤광원 기자가 쓴 『대한민국 금융 잔혹사』를 보면, 이 시기 건설업자들과 정부기관, 정치인들의 밀거래에 대한 의혹이 잔뜩 소개되었다. 이태원 회장 역시 아예 회고록 첫 대목에서 "주한미군에 건설 군납을 하면서 정치권의 '더티한 모습'을 지긋지긋할 만큼 지켜봤다. 정치자금을 안 내면 사업을 따낼 수 없었고 기껏 냈는데도 꿀꺽 삼키고는 더 많은 돈을 낸 사람에게 권리를 넘기기도 했다"고 노골적으로 언급하기도 했다. 그에 비하면 연예계와 영화계는 '청정 지역'이라고 평가했다. 연예계가 딱히 청렴결백하고 공명정대한 사업의 대표 격으로 알려져 있지는 않다는 점을 감안하면, 그가 건설업에 종사하던 시대에 정부와 기업의 관계가 얼마나 혼란스러웠는지 가늠해볼 만하다.

강 사장은 압력으로 회장에서 물러난 후 신단체에 불만이 많았던 것 같다. 반대로 신단체를 이끌던 김 회장은 전임자 강 사장을 곱게 여기고 있지 않았다. 김 회장은 모임용 문건에서 애국 행위에 반대하는 업자들을 열거하면서 부실 업자, 업자들을 이간질하는 자, "미군 첩자"를 언급했다. 강 사장이 친목회를 운영하던 시절 미군 쪽 사람들과 친분이 있었다는 점을 생각하면, 강 사장을 공격하려는 의도가 다분해 보이는 언급이다. 이 문건은 독일이나 일본이 전쟁 패배 후에도 경제발전에 박차를 가해 부강해졌으니, 우리도 우리 민족을 위해 단결해야 한다고 강조했다. 그러면서 미군을 위해 우리 민족 업자들끼리 경쟁하도록 만드는 일은 막아야 한다고 주장했다.

저격 사건 전 크리스마스를 며칠 앞둔 날, 새해에 열릴 총 2,500만 달러 규모의 입찰을 염두에 두고 친목을 다지기 위해 김 회장이 이끄는 신단체의 모임이 열렸다. 그런데 이 자라에 문제의 인물 스트롱이 갑자기 나타났다. 『경향신문』 1월 4일 기사에는 그가 기자로 위장했다고 하는데, 문제는 스트롱이 모임 현장 사진을 찍으면서 거기서 오가는 대화의 내용을 파악하고 담합의 증거 여부를 찾아내려고 했던 것 같다. 평소 스트롱과 강 사장의 친분을 알고 있던 신단체 쪽 사람들은 강 사장이 신단체를 완전히 와해시키기 위해 미군 쪽에 정보를 노출시킨 것이라고 의심하기 시작했다. 반면 이태원 회장은 강 사장이 스트롱의 등장과는 관련이 없다고 주장했다.

충무로에 울려 퍼진 총소리

배후는 공공기관과 정부 고위층

『경향신문』 1월 4일 기사를 보면, 이후 상황은 급진전된다. 저격 계획을 세운 인물은 신단체에서 통계국장이라는 직함을 달고 있던 김 국장이었다. 이 기사에 따르면, 김 국장은 김 회장이 강 사장 같은 인물을 제거하라고 주장한 바를 인지하고 있었고, 지금이야말로 제거 작업의 실행이 필요한 상황이라고 판단했다. 김 국장은 김 회장에게서 돈을 받아 겨우 생활하던 군인 출신 홍씨가 적임자라고 보았던 것 같다. 저격 이후 체포 직전 상황에서, 경찰을 실탄으로 쏘는 게 아니라 공포로만 저항했던 것도 정보기관 출신의 냉정한 행동이라고 해석하면 맞아떨어지는 느낌이다.

김 국장과 홍씨는 먼저 어느 다방에 앉아 전체적인 상황을 상의했다. 사건 당일인 26일 오전 10시와 오후 3시, 두 차례에 걸쳐 중구의 한 중국 음식점에서 다시 만났다. 김 국장은 홍씨에게 캐나다제 권총 하나와 총알 4개, 돈을 전달했다. 『동아일보』 12월 30일 기사를 보면, 저격에 사용한 총기가 7.065밀리미터 구경 5연발 호신용 권총이라고 되어 있는데, 7.065밀리미터 구경은 드물기 때문에 이것이 7.65밀리미터의 오기라고 가정하면 7.65밀리미터는 발터 PPK 같은 소형 권총의 구경과 일치한다. 발터PPK는 각국 정보기관 요원들이 애용하던 것으로 '007 제임스 본드' 영

김 국장이 전달한 캐나다제 권총으로 홍씨는 강 사장을 쏘았다. 이 발터PPK는
정보기관 요원들이 애용했고, 김재규가 박정희를 암살할 때 사용했던 권총이다.

화에도 자주 등장했고, 나중에 한국의 중앙정보부장 김재규
가 박정희를 저격할 때 사용했던 권총이기도 했다.

　　그날 저녁 범인 홍씨는 마침내 강 사장을 그 권총으로
쏘았다. 당시 강 사장 쪽 사람들의 주장이 맞는다면, 결국
이 범죄의 저편에는 공공기관과 정부 고위층이 닿아 있다.
사실 요즘도 사업을 하다가 공공기관이나 정부 사람들에
게 밉보이면 큰일 난다는 이야기는 상식처럼 퍼져 있다. 그
런데 지금부터 60여 년 전은 정부에 끈 닿아 있는 사람에게
밉보이면 청부업자가 나타나 권총을 쏘아버리는 시대였다
는 말이 된다.

　　사건이 벌어지자마자 강 사장 측 사람들은 김 회장 측
사람들이 강 사장을 노린 것이라고 직감했던 것 같다. 『조선

　　　　　　　　　　　충무로에 울려 퍼진 총소리

일보』1964년 12월 31일 기사에서는 강 사장과 가까운 인물이 12월 20일 무렵 찾아와 "김씨 측에서 테러가 있다 하니 몸조심하시오"라고 귀띔했다고 한다. 순전히 상상일 뿐이지만, 저격 사전 직후 목격자들과 범인을 추적했던 행인 중 일부는 이런 공격을 대비해 반격을 준비하던 강 사장 쪽 직원인지도 모른다.

이런 배경이 있었기 때문에, 강 사장이 입원한 병원에 등장한 기자를 보고 강 사장 측 직원들은 그가 기자로 위장한 적일지도 모른다고 생각해 경계한 게 아닐까? 즉, 강 사장의 생존을 알고 살해를 완수하기 위해 병원으로 또 사람을 보냈다고 짐작해 기자와 격투를 벌인 건 아닐까 하는 상상도 해본다. 이렇게 엉망으로 꼬인 상황을 수사 당국에서도 어느 정도 파악했기 때문에, 억울하게 얻어맞은 기자에게 엉뚱하게도 "그냥 적당히 합의하고 넘어가는 것이 상책이다"고 대응했을 가능성을 배제할 수 없다.

강 사장은 결국 살아남았다. 하지만 이 회장의 회고록에 따르면, 강 사장은 평생 휠체어 신세를 지게 되었다고 한다. 범인 홍씨는 현장에서 체포된 상황이었기 때문에 여타의 주요 인물들이 곧 구속되었다. 범인은 살인미수 혐의, 범인과 직접 의사소통한 김 국장은 살인 교사 혐의, 직원들이 이런 일을 벌일 가능성을 충분히 알았으면서도 중단시키지 않은 김 회장은 살인 방조 혐의를 받았다. 검찰은 세 사람

모두에게 무기징역을 구형했다.

　세 사람은 혐의를 부인했다. 김 회장은 우선 강 사장을 제거하라는 말을 하기는 했지만 살인을 의미한 게 아니라 건설업자 모임에서 쫓아내라는 뜻이었다고 주장했다. 『경향신문』 1965년 5월 11일 기사에 따르면, 김 국장과 범인 모두 강 사장을 혼내주겠다고 마음먹었을 뿐, 살해할 생각은 아니었다고 진술했다. 범인은 강 사장이 어지간한 험악한 분위기에는 태연한 사람이라는 걸 알고 있었기 때문에 제압하는 용도로 권총을 준비한 것이며, 처음부터 살해할 계획은 아니었다고도 주장했다. 결국 이런 주장은 어느 정도 받아들여진 것 같다. 김 국장과 범인은 10년형을 선고받았고, 김 회장은 아예 무죄로 풀려났다.

　세 사람의 주장은 정말 사실이었을까? 김 회장은 사건과 아무 상관이 없는 사람이었을까? 스트롱이라는 인물의 정체와 진짜 역할은 무엇이었을까? 그리고 김 회장의 등장과 모임 운영에 정부 측의 어떤 사람들이 어느 정도로 관계되어 있었을까? 범인, 김 국장, 김 회장에 대한 판결은 모두에게 공정했을까? 이후의 기사를 통해 자세한 내막을 알 수는 없다. 이태원 회장 역시 1970년대에 극장 사업을 시작하면서 영화계에 다시 조금씩 발을 들였고, 영화 배급업을 거쳐 1984년 영화 제작을 재개하면서 건설업계와는 거리를 두게 된다.

1964년 범인 홍씨가 총을 쏜 현장은 현재 지하철 충무로역이 들어서서 모습이 크게 바뀌었다. 어디에서 총이 발사되었고, 범인은 어느 자리에서 체포되었는지 짐작할 수 없을 만큼 변해서 지금은 그저 평범한 어느 대도시의 역세권 풍경이 펼쳐져 있을 따름이다. 그 현장에서 오늘도 하루 4만 명의 서울 시민이 무심히 지하철역을 드나들고 있다.

대한민국
미스터리
사건 수첩
© 곽재식, 2023

초판 1쇄 2023년 8월 18일 찍음
초판 1쇄 2023년 8월 25일 펴냄

지은이 | 곽재식
펴낸이 | 강준우
기획·편집 | 박상문, 김슬기
디자인 | 최진영
마케팅 | 이태준
인쇄·제본 | 지경사문화

펴낸곳 | 인물과사상사
출판등록 | 제17-204호 1998년 3월 11일

주소 | (04037) 서울시 마포구 양화로7길 6-16 서교제일빌딩 3층
전화 | 02-325-6364
팩스 | 02-474-1413

www.inmul.co.kr | insa@inmul.co.kr

ISBN 978-89-5906-713-8 03910

값 18,000원

이 저작물의 내용을 쓰고자 할 때는 저작자와 인물과사상사의 허락을 받아야 합니다.
파손된 책은 바꾸어 드립니다.